I0437255

Les femmes chez Hérodote

Par

Jean-Claude Sestier

Édité par Yvan C. Goudard

Copyright © 2012 Rhetorical Ratatouille /

Jean-Claude Sestier et sa famille

Tous droits réservés

ISBN : 1478158875

ISBN-13 : 978-1478158875

TABLE DES MATIÈRES

INTRODUCTION

Le reportage ne date pas de notre époque, le goût de l'exploration non plus. Les diverses légendes héroïques, celles d'Ulysse, d'Héraklès, de Jason et des Argonautes, s'appuient, sans aucun doute possible, sur des voyages qui, s'ils nous paraissent peu importants aujourd'hui, n'en représentaient pas moins, pour les habitants du monde méditerranéen de l'époque, presque l'équivalent d'un vol spatial vers la lune ou vers Mars pour un homme du XXe siècle. Au Ve siècle avant Jésus-Christ, un grand voyageur, consignant par écrit tout ce qu'il avait découvert au cours de ses pérégrinations, nous a laissé de nombreux et intéressants renseignements sur le monde et la civilisation d'alors.

Né vers 490 à Halicarnasse, ville de Carie (aujourd'hui Bodrus), d'une famille en vue, Hérodote fut sans doute élevé dans le culte d'Homère. Un dictionnaire, Suidas (ou la Souda), nous donne le nom de son père, Lyxès, celui de sa mère, Dryo, et de son frère,

Théodoros. Il naquit probablement sous le gouvernement d'Artémise qui représentait alors Xerxès, pour Halicarnasse et l'île de Cos ; ceci explique pourquoi il voue, par sentiment nationaliste, une immense admiration à cette femme qui s'était personnellement acquis une grande gloire, lors de l'expédition de Xerxès contre la Grèce.

Il fit sans doute de bonnes études, étudiant les logographes, qui traitaient des mêmes sujets que les auteurs épiques, mais en prose, genre littéraire encore à ses débuts en Ionie ; ces logographes étaient de Milet, de Mytilène, de Lydie, de Carie et nous n'avons malheureusement pas leurs logoi. Il est presque certain que le jeune Hérodote s'intéressa beaucoup à eux. S'étant engagé dans la politique et ayant pris part à des luttes de tendance nationaliste, il fut obligé de s'exiler et dut vivre quelques années à Samos. Quand la ville d'Halicarnasse se fut débarrassée du tyran Lygdamis, Hérodote put, en 454, retourner dans sa patrie, mais, pour une raison que nous ignorons, il en repartit assez rapidement. Il effectua plusieurs séjours à Athènes où il fut certainement lié avec Sophocle. Vers 444, des colons grecs vont fonder une ville, Thourioi, en Lucanie, en Italie du Sud, à la place de Sybaris détruite. Hérodote se joint à l'expédition. Il y vécut une vingtaine d'années, voyagea sans doute encore, et c'est probablement à Thourioi qu'il mourut vers 425 avant notre ère.

Il est presque impossible de déterminer la chronologie exacte, la durée et l'étendue de ses explorations. Ce qui reste certain, c'est qu'il fit d'immenses voyages, en un temps où les déplacements étaient réellement une aventure lente et dangereuse : il fallait à peu près trois mois, du temps d'Hérodote, pour aller du Péloponèse à Suse. Il visita l'Asie Mineure, les villes grecques de la côte, la Lydie, Sardes et l'Anatolie. Il est allé à Babylone, en Assyrie, en Perse, à Tyr, en Egypte, à Cyrène. Il a parcouru la mer Noire, la Colchide, l'Ukraine ; il a visité la Thrace, la Macédoine, la Grèce continentale et le Péloponèse. Il connut la Sicile et l'Italie. Pour un Grec de cette époque, il faut avouer que c'est un record.

Globe-trotter avant la lettre, Hérodote nous a laissé bien plus un immense reportage qu'une œuvre historique proprement dite, quoique le but qu'il se fût fixé au départ eût été de relater les guerres médiques. Et, paradoxalement, c'est justement ce qui fait l'intérêt historique de son œuvre. La sèche relation d'opérations militaires du Ve siècle avant Jésus-Christ ne saurait susciter, chez le lecteur non spécialiste, du XXe siècle, un intérêt très fort. Au contraire, toutes les digressions, les contes, les légendes, les dessous de l'histoire, les coutumes des différents peuples, donnent à l'Enquête un caractère universel qui ne saurait périr avec le temps, même à vingt-cinq siècles de distance. Agréable à lire, il est à la fois complexe et clair : complexe par son caractère, tantôt naïf, tantôt incrédule, clair par son style : il veut tout dire, tout expliquer et veut surtout que son lecteur comprenne, c'est la raison de ses fréquents retours en arrière.

Car Hérodote compose au gré de sa fantaisie. Il n'y a pas, dans son œuvre, de continuité chronologique. Il prend son temps, saute d'anecdote en anecdote, de parenthèse en parenthèse, revient en arrière sur quelque chose qu'il n'a pas encore eu le temps d'expliquer. Il admet parfois pour les événements toutes les cause, même si celles-ci sont anecdotiques, voire merveilleuses ou miraculeuses. Et cela ne doit pas nous étonner car, avant lui, l'histoire n'existe pas. C'est l'épopée qui la remplace et, dans cette dernière, la plupart des événements sont basés sur les mythes et il n'existe pas de frontière entre le réel et l'irréel. Nous avons cité les logographes qui se séparent de l'épopée traditionnelle, en adoptant la prose au lieu de la poésie, mais chez eux encore le merveilleux est toujours la seule source d'explication de certains événements.

Le seul auteur, qui semble avoir été le plus proche d'Hérodote et que nous connaissons par lui, semble être Hécatée de Milet ; il est presque certain qu'Hérodote a puisé de nombreux renseignements dans son œuvre dont, malheureusement, nous ne possédons que des fragments. Il est le premier à avoir tenté de faire un effort vers le rationalisme mais en reste tout de même assez loin. On peut lire, par exemple, dans son œuvre : « cet Aigyptos n'est pas allé à Argos. Il avait, selon le poème d'Hésiode, cinquante enfants. A mon avis, il n'en eut pas plus de vingt ». Nous voyons que l'on est encore loin de l'histoire proprement dite. Une des innovations d'Hérodote, c'est le passage au récit d'un passé relativement récent. L'épopée, en effet, ne relate qu'un passé très ancien, connu uniquement par la tradition orale. Hérodote fait faire à l'histoire un énorme bond en avant, en racontant des faits qui se sont passés presque de son temps. C'est pour ces différentes raisons que l'on peut le qualifier de père de l'histoire, mais on pourrait tout aussi bien le nommer le père de la géographie ou de l'ethnographie ou des sciences naturelles ou du journalisme. Il dépasse, en effet, son rôle d'historien, lorsqu'il nous décrit les costumes des peuples dont il parle, qu'il s'étend sur leurs coutumes et qu'il rapporte même des expressions telles que « boire à la scythe », équivalent de notre expression moderne « boire comme un Polonais » ou « boire à la russe ».

Sa documentation est immense. Partout où il est passé, il a dû harceler de questions tous ses guides, transcrivant tout ce qu'on lui disait, même ce qu'il jugeait incroyable. On a parfois tendance à le considérer comme un grand naïf. La plupart de ses prétendues naïvetés sont souvent précédées ou suivies de formules telles que « ce sont eux qui le disent, qu'on en croie ce qu'on voudra ». Après avoir rapporté que tout Neure se change en loup une fois par an, pour quelques jours (IV. 105), il ajoute « je n'en crois rien, pour ma part, mais c'est bien là ce qu'ils affirment, et même sous la foi du serment ». Néanmoins, s'il semble que ses naïvetés s'expliquent par un souci d'objectivité, nous avons parfois de la peine à le suivre, par exemple lorsqu'il nous affirme que Darius s'était lancé à la conquête de la Grèce parce que sa femme, Atessa, voulait des servantes grecques, ou encore lorsqu'il accorde tant de crédit aux oracles. Son rationalisme est évidemment très imparfait, mais devons-nous le regretter ? Cela nous permet précisément d'entrer avec lui dans un univers légendaire et de goûter certains contes dont il a le secret.

Chez lui, le conteur a beaucoup plus de charme que l'historien. Le plaisir qu'il prend lui-même à raconter certaines légendes lui donne un air de spontanéité et une sorte d'ingénuité. Interrompant le récit, ces digressions sont loin de lasser le lecteur. Germes de romans, de contes moraux, de fabliaux, de contes de fées, toutes ces anecdotes ont assez souvent un côté paillard, et il est très rare qu'elles ne comportent pas une histoire de femme. Nous ne renverrons pas à des exemples précis car nous aurons plus loin l'occasion de revenir sur ce sujet. Il est bon toutefois de noter que l'Enquête d'Hérodote fait une assez large place aux femmes.

Ce détail ajoute quelque chose de plus aux qualités d'Hérodote, déjà énumérées. Plus conteur qu'historien, n'est-il pas aussi moraliste, parfois même sociologue, voire psychologue ? Les explications, les détails qu'il nous donne, ne rentrent pas tous dans le cadre de la légende, ses anecdotes sont parfois authentiques. Ainsi, il s'acharne à décrire les mœurs de tous les peuples dont il parle, tentant assez souvent de donner une explication rationnelle à certaines légendes ou à certaines coutumes qui auraient pu paraître bizarres à ses compatriotes. Nous nous proposons d'essayer de rechercher, à travers l'Enquête, les divers renseignements concernant la condition féminine à son époque, sous tous les aspects. Cependant, il est évident qu'Hérodote, appartenant à une période de transition dans le genre historique, entre l'épopée et l'histoire rationaliste proprement dite, peut parfois être sujet à caution.

L'histoire, en effet, n'existe pas chez les peuples primitifs. Les faits se transmettent d'abord oralement, sont fréquemment embellis, déformés, et comme ils ne sont pas tous explicables (ou du moins, le sont difficilement), le narrateur est obligé de faire appel au merveilleux et au surnaturel ; c'est ainsi que se créent, certains mythes et certaines légendes. Le premier stade historique est donc l'épopée. Si l'Iliade et l'Odyssée sont des œuvres poétiques, il faut aussi voir en elles la transmission de tout le passé grec. Il en va de même pour la Chanson de Roland ou la Bible. Dépassant ce stade, certains esprits plus critiques ont tendu vers un certain rationalisme, sans toutefois y parvenir pleinement. La démythification est amorcée mais l'histoire reste anecdotique et toutes les explications sont encore plus ou moins acceptées. C'est dans cette catégorie d'écrivains que nous pourrions classer Hérodote qui assure la transition entre la période primitive de l'histoire et sa période de maturité. Il prépare ainsi la voie aux historiens rationalistes, tels que Thucydide ou que certains historiens latins qui, se méfiant des anecdotes transmises oralement, n'accepteront que les faits contrôlables et rejetteront systématiquement toutes les explications surnaturelles.

1 - LES FEMMES DANS L'ANTIQUITÉ

Il pourrait être intéressant de rechercher si les réactions des personnages mis en scène par les auteurs épiques et par des écrivains d'un genre différent sont de même nature. Puisque nous nous préoccupons des femmes chez Hérodote, nous examinerons très rapidement au préalable quelle était la condition féminine chez les auteurs qui l'ont précédé. Nous nous appuierons essentiellement sur le légendes mythologiques, sur la Bible et sur les épopées.

Il faut noter, avant tout, une certaine misogynie qui transparaît dans la plupart des œuvres littéraires de cette époque et dans les légendes mythologiques. La femme a très souvent un mauvais rôle à jouer, soit de son plein gré, soit inconsciemment et poussée par la fatalité. C'est Eve, et non Adam, qui mange la pomme défendue, attirant ainsi la malédiction divine sur l'humanité. C'est Pandore qui est dotée par Hermès de mensonge et de fourberie ; c'est encore elle qui, à peine sur terre, ouvre la jarre contenant tous les maux. La femme de Putiphar, le maître de Joseph, alors esclave en Egypte, le calomnie car elle n'arrive pas à le séduire ; Phèdre agira de même envers Hippolyte, usant des mêmes subterfuges. C'est par deux femmes que Samson sera trompé à deux reprises. C'est à cause d'Hélène qu'a lieu la guerre de Troie. Nous ne pouvons, certes, généraliser mais il faut reconnaître que cette misogynie est très fréquente et, si nous nous penchions sur la vie des dieux, nous constaterions la même chose.

Les dieux sont certainement le reflet de la vie des hommes, ou du moins l'idéal qu'ils rêvent d'atteindre. Or leur conduite n'a rien d'exemplaire. Leurs légendes ne sont qu'une suite d'aventures de conjoints trompés, de femmes rouées, infidèles ou jalouses, sachant se venger d'une façon terrible. Héra, qui est une des rares déesses à rester fidèle à son époux, passe son temps (à juste titre, il faut le dire), à poursuivre de son courroux les maîtresses de Zeus ou ses enfants illégitimes. Quant à la déesse de l'amour, la belle Aphrodite, il est impossible de dresser ici l'inventaire de ses aventures. Elle aussi sait se venger de façon terrible. Pour ne citer qu'un exemple, quel triste sort que celui des descendants d'Apollon, coupable d'avoir dénoncé à Héphaïstos l'adultère d'Aphrodite avec Arès ! Tous seront frappés de sa malédiction et auront une destinée très malheureuse.

Toutefois, il ne faudrait pas se faire une fausse idée des femmes dans l'antiquité et il serait bon d'examiner rapidement leur condition sociale dans ces différentes civilisations. La plupart du temps, elles ne sont pas considérées comme des citoyennes. Leurs droits civiques sont nuls à quelques exceptions près. Quant aux droits simplement humains, ils sont aussi très peu nombreux. Le mariage est un marché qui se conclut par achat, ou plus souvent, par un échange, par un troc. Jacob, par exemple, n'achète pas sa femme avec de l'argent. Il arrive chez son oncle Laban. « Laban avait deux filles : l'aînée s'appelait Lia et la cadette Rachel. Lia avait les yeux ternes mais Rachel avait belle tournure et beau visage et Jacob aimait Rachel. Il dit : je te servirai sept années pour Rachel, ta fille cadette. Laban répondit : il vaut mieux la donner à toi qu'à un étranger ; reste donc chez moi. (Gen. 29,16) ». Jacob sert donc son oncle pendant sept ans et, au bout de ce laps de temps, après un grand banquet, on lui amène dans son lit une femme. Tout va donc très bien, « mais voilà que le matin arriva, et c'était Lia ». Jacob s'étant plaint, Laban lui répond : « Ce n'est pas l'usage de marier la plus jeune avant l'aînée ». Et Jacob devra servir encore sept années pour obtenir le droit d'emmener ses deux femmes.

La polygamie est donc admise et même tout à fait naturelle. La femme d'Abraham, Saraï, étant stérile, Yahvé lui conseille d'essayer d'avoir une descendance d'Agar, sa servante égyptienne. L'un des principaux rôles de la femme est donc, on le voit, d'assurer la descendance de l'homme. Il en sera de même en Grèce : le concubinage est recommandé au cas où la femme légitime est stérile.

Ces concubines peuvent être, soit des prisonnières de guerre, soit des esclaves, soit toute autre femme. Même une veuve se doit d'assurer une descendance à son époux défunt ; elle est parfois obligée de se prostituer pour cela. Tamar, veuve d'Er, fils de Juda, doit aller s'offrir aux passants afin d'arriver à coucher avec son beau-père, Juda, dans le but d'avoir un fils qui sera descendant d'Er. (Gen. 38,14). De même, Ruth, prise pour femme par des nomades, et abandonnée au bout d'une dizaine d'années (chose courante dans l'antiquité), devra jouer une petite comédie à Booz, pour se faire épouser par lui. La prostitution d'ailleurs, à cette époque, n'a rien de choquant et a même, parfois, un caractère sacré, nous le verrons par la suite.

On pourrait ajouter à cela que les droits juridiques des femmes étaient, toujours à quelques exceptions près, nettement inférieurs aux prérogatives masculines, mais peut-on s'en étonner lorsque l'on sait que le code était conçu par des hommes ? Bien que les lois énoncées dans le Deutéronome sur le viol et l'adultère soient aussi sévères pour l'homme que pour la femme, plus tard on punira l'adultère féminin alors qu'on excusera l'adultère masculin. Toutefois, certaines civilisations plus féministes laissent aux femmes des droits importants et parfois même une place prépondérante. Elles sont toujours présentes en Egypte ; et si l'on considère les légendes mythologiques grecques, en trouve-t-on sans personnages féminins ? Quel est le prétendu motif de la guerre de Troie, sinon le rapt d'Hélène ? Que sont les nombreuses aventures de Zeus, sinon des aventures amoureuses ? Il semble donc que, dans quelques rares cas, la femme représente une sorte d'être supérieur dont l'homme a besoin pour vivre, mais cela n'est guère fréquent.

Les différents types de femmes que nous rencontrons dans l'antiquité sont très divers. Certaines sont soumises et fidèles, telles que Pénélope ou que les épouses des premiers Hébreux, Abraham ou Jacob, par exemple. Les cas d'infidélité sont beaucoup plus fréquents, que ce soit chez les déesses ou chez les mortelles. D'autres sont dotées d'un vice contre nature : les filles de Lot sont incestueuses, de même que Myrrha et que Phèdre ou même Zeus et Héra ; Pasiphaé se donnera à un taureau, et peut-être peut-on voir un symbole de ce vice, stigmatisé dans la Bible, dans les différentes transformations de Zeus en animal.

Il serait cependant erroné de croire que de tout temps les femmes aient été brimées systématiquement. Si la situation de la femme à l'époque d'Hérodote est assez inférieure à celle de l'homme, peut-être y a-t-il eu une régression de la condition féminine. Les sociétés primitives vénéraient la femme en temps que symbole de la fécondité et de la procréation. Presque toutes les religions prennent leur point de départ dans une déesse Mère ; qu'elle se nomme Isthar, Astarté, Géa, Rhéa ou Cybèle, peu importe. Certaines civilisations, on peut le supposer, ont été un véritable règne des femmes. Nous aurons plus loin l'occasion de revenir sur ces deux points, mais nous pouvons dès à présent examiner brièvement l'importance de la femme dans les œuvres d'art de quelques sociétés primitives.

Au paléolithique (aurignaco-périgordien), les motifs les plus fréquents, parmi les statuettes que nous ayons retrouvées, sont des représentations féminines. Les seins volumineux, le sexe bien apparent, le ventre distendu des Vénus de l'époque nous poussent à penser que la femme, était surtout considérée comme le symbole de la maternité et de la pérennité de la vie, et non comme le symbole du charme. Dans l'art de la civilisation créto-mycénienne, dont la principale divinité était la Grande-Mère, le concept de la fécondité n'est plus évoqué par l'exagération des formes, mais simplement suggéré. De nombreuses idoles féminines de marbre représentent presque toujours la Déesse-Mère. Quelques peintures ont pour sujet de très jolies femmes et nous donnent à penser qu'il devait exister à cette époque une cour très élégante, oisive où les femmes semblent avoir tenu une place assez brillante.

La civilisation égyptienne a fait une grande place à la femme. Dans les œuvres d'art, elle est encore un des premiers thèmes d'inspiration, au début, comme symbole de la transmission de la vie, ensuite, pour son charme seul. Le musée égyptien de Turin conserve des bijoux dont se paraient les élégantes Egyptiennes. Il faut dire que la position sociale de la femme en Egypte est très élevée, tant dans la vie privée que dans la vie publique. Très souvent nous trouvons la représentation de la femme avec son époux ; citons le prince

Rahotep avec son épouse Nophret (musée du Caire), Aménophis IV et sa femme Nefertiti (musée du Louvre) ou encore le fonctionnaire memphite, toujours avec son épouse (musée du Louvre). Nous verrons dans le livre II, chapitre 110 de l'Enquête, que le roi d'Egypte Sésostris tenait sa femme en grande considération.

D'ailleurs, certaines civilisations, dont Hérodote ne parle pas, mais qui sont contemporaines de celles qu'il nous décrit, donnent à la femme une place importante, nous aurons l'occasion d'en reparler. Citons tout de même les civilisations crétoises et mycéniennes, de 1700 à 1200 avant Jésus-Christ. La principale divinité des Crétois est, nous venons de le dire plus haut, une déesse-Mère. Le culte est célébré par des prêtresses. Dans la civilisation mycénienne, avec l'apparition d'un dieu mâle, la femme sera un peu moins libre, mais le culte de la déesse-Mère sera maintenu. D'ailleurs, si l'on remontait au livre de la Genèse, on verrait que la première femme fut nommée Eve. Or ce nom est symbolique ; en hébreu Hawwâh, forme ancienne de Hayyâh (vivante), tire son origine du concept mère de tout vivant. Les Etrusques primitifs qui, si l'on en croit Hérodote (I. 94), viendraient de Lydie, ont une civilisation matronymique. Les femmes tiennent dans leur société une place très importante et jouissent d'une assez grande liberté.

Ainsi, il est difficile de tirer une conclusion et il serait hasardeux de généraliser trop rapidement, mais de ce rapide tour d'horizon nous pourrons néanmoins retenir que, dans l'antiquité, la plupart du temps, le rôle principal de la femme est d'assurer la descendance de l'homme et aussi son plaisir physique. Retenons également que, très souvent, ses droits sont assez minimes, à l'exception de certaines sociétés où elle a un rôle beaucoup plus important et où elle est parfois même très respectée. Nous pouvons aborder à présent l'étude des différents aspects de la vie féminine dans l'Enquête d'Hérodote.

2 - HÉRODOTE EST-IL MISOGYNE ?

On peut se demander parfois si Hérodote, suivant en cela la coutume de son temps, n'est pas quelque peu misogyne. Point n'est besoin d'aller bien loin dans la lecture de son œuvre, pour l'entendre raconter les rapts des femmes légendaires : Io, Europe, Médée, Hélène, et conclure « enlever des femmes, c'est, pensent les Perses, une injustice, mais vouloir à tout prix tirer vengeance de pareils enlèvements est une sottise, la sagesse est de n'accorder aucune importance aux femmes enlevées : car il est bien clair qu'elles ne l'auraient pas été si elles n'avaient pas voulu l'être ? (I. 4) ». Est-ce uniquement l'opinion des Perses ? N'y a-t-il pas là un jugement de l'auteur lui-même ? Il constate parfois des injustices commises à l'égard des femmes sans s'en indigner outre-mesure et va jusqu'à raconter sur un ton très naturel qu'à Babylone, quand la révolte éclata, ils prirent la mesure suivante : « ils mirent à part leurs mères et, en outre, chacun put garder une femme de sa maison, une seule, à son choix ; on rassembla toutes les autres et on les étrangla : chacun gardait une femme pour lui préparer sa nourriture et on étrangla les autres pour économiser les vivres. (III. 150) ». Hérodote n'ajoute aucun commentaire, et l'on peut croire, à première vue, que ces actes lui paraissent tout à fait normaux et naturels.

Très souvent, constatant une infériorité flagrante des femmes par rapport aux hommes, il se contente de le signaler sans donner son avis, et l'on peut même avoir l'impression que la conduite masculine ne le choque nullement. Mais il ne faut pas conclure trop vite et nous allons avoir l'occasion bientôt de revenir sur ce point.

Un grand nombre de femmes, dans l'Enquête, sont assez rouées, voire parfois cruelles. L'infidélité semble être leur défaut le plus fréquent. Une petite anecdote, contée dans l'histoire de l'Egypte, à propos du fils de Sésostris, Phéros, nous montre qu'Hérodote ne croit pas outre-mesure à la fidélité conjugale de la part de la femme. Le roi Phéros, frappé de cécité par punition divine, reçoit un oracle lui disant que « le terme de son châtiment approchait, il retrouverait la vue en se lavant les yeux avec l'urine d'une femme qui n'aurait jamais connu d'autre homme que son mari ». Le roi met donc à l'épreuve sa propre femme puis, comme il n'est pas guéri, de nombreuses autres. Après de multiples expériences, il recouvre enfin la vue ; il réunit alors toutes les femmes infidèles, les fait brûler, « quant à celle dont l'urine l'avait guéri, il la prit pour épouse ». (II. 111). Hérodote ne s'étonne pas et poursuit son récit.

On ne peut pas non plus passer sous silence l'histoire de la femme de Candaule, le roi des Lydiens, rendue criminelle peut-être par une imprudence de son époux, mais criminelle tout de même. « Candaule, » nous dit Hérodote, « était éperdument épris de son épouse et pensait, dans sa passion, avoir la femme la plus belle qui fût au monde. » Il contraint son confident, Gygès, à se cacher dans la chambre à coucher de la reine, pour qu'il puisse la contempler nue. Mais la reine, ayant aperçu Gygès, le convoque le lendemain. « Gygès, » lui dit-elle, « deux routes s'ouvrent maintenant devant toi, je te laisse choisir celle que tu préfères : tue Candaule et prends-moi, et le royaume de Lydie avec moi, ou bien il te faut périr sur l'heure et sans recours. » Gygès alors, contraint de choisir entre l'assassinat de son maître et sa propre mort, choisit son salut (I. 8-11).

Nous pourrions citer bien d'autres exemples sur les infidélités féminines, ne serait-ce que l'explication qu'Hérodote donne de la légende d'Io ou encore des aventures d'Hélène, ou bien le récit de la conduite des femmes scythes qui couchaient avec leurs esclaves pendant que leurs maris étaient à la guerre (IV, 1-3), ou la façon naturelle dont Démarate demande à sa mère si elle n'a pas trompé son époux Ariston, en lui disant : « après tout, si tu as fait ce que l'on raconte, tu n'es pas la seule, bien des femmes en ont fait autant. » Cependant, il est un autre aspect sous lequel Hérodote nous présente certaines femmes, notamment des femmes dirigeantes. Elles sont presque toutes très cruelles. Phérétiné, mère du roi de de Cyrène,

Arcélisas, pour punir les Barcéens coupables d'avoir assassiné son fils, reprend Barcée avec l'aide des Perses et « elle fit empaler les plus coupables tout autour des remparts ; quant à leurs femmes, elle ordonna de leur couper les seins qu'elle fit également suspendre à la muraille. » (IV.102). Cette sorte de traitement n'est pas, il faut l'avouer, très tendre mais ce n'est pas le seul exemple de cruauté féminine que nous trouvons chez Hérodote.

La reine d'Egypte Nitocris, pour venger la mort de son frère, le roi précédent, assassiné par ses sujets, fit périr un grand nombre d'Egyptiens. « Elle fit construire une salle souterraine immense et, sous prétexte de l'inaugurer, elle invita ceux des Egyptiens qu'elle savait être les principaux responsables du meurtre de son frère et leur offrit un grand banquet ; en plein festin, elle déchaîna sur eux les eaux du fleuve. » (IV. 100). La cruauté semble donc aller de pair avec la puissance. « La reine Amestris, femme de Xerxès, » apprend-on dans le livre VII chapitre 114, « quand elle vieillit, offrit au dieu qu'on dit habiter sous la terre deux fois sept jeunes Perses de familles nobles, qu'elle fit enterrer vivants. » Elle est d'ailleurs capable de dépasser cette cruauté.

Xerxès, s'étant épris de la femme de son frère, Masistès, puis de la fille de celui-ci, sa propre bru, nommé Artaynté, arrive au bout d'un certain temps à ses fins. Cependant Amestris a compris ce qui se passait. Elle demande à son époux de lui livrer la femme de son frère ; Xerxès, contraint de lui obéir, la lui fait amener. « Or pendant que Xerxès discutait avec son frère, Amestris, qui avait fait venir les gardes de Xerxès, s'occupait à torturer la femme de Masistès : elle lui fait trancher les seins qui furent jetés aux chiens, couper le nez et les oreilles, les lèvres et la langue, et la renvoie ainsi mutilée. » (IX. 109-112). Ces exemples nous montrent assez jusqu'à quel point pouvait aller la cruauté de certaines femmes à l'encontre de certaines autres, coupables de leur avoir déplu.

Nous avons encore, dans l'œuvre d'Hérodote, un autre aspect de la femme qui est peu flatteur pour elle : elle nous est présentée assez fréquemment comme le symbole de la faiblesse et de la lâcheté. L'injure la plus grave en Perse, dit-il, « c'est de s'entendre traiter de créature plus lâche qu'une femme, c'est l'outrage le plus terrible qui soit. » (IX. 107). Artayntès, qui vient de recevoir cette injure proférée par Masistès, fut « pris de fureur, voulut tuer Masistès et leva sur lui son glaive. » Dans le livre VII au chapitre 11, Hérodote nous conte que Xerxès, pour châtier Artabane, son oncle paternel, qui lui a déconseillé l'expédition contre la Grèce, lui tient ce discours : « Artabane, tu es le frère de mon propre père, et ceci t'épargnera le juste salaire de tes propos stupides. Ton châtiment, misérable lâche, ce sera la honte de ne pas m'accompagner en Grèce et de rester ici, avec les femmes. »

Les cavaliers perses en Grèce, s'avançant contre les troupes grecques, chargent par vagues successives et pendant leurs assauts, « ils les interpellaient en les traitant de faibles femmes ». En relatant l'histoire de l'Egypte, Hérodote rapporte qu'un roi égyptien, Sésostris, ayant levé une armée, en vue de conquérir le continent, subjugua de nombreux peuples : « quand il rencontrait des peuples vaillants, farouches défenseurs de leur liberté, il élevait sur leur territoire des stèles sur lesquelles une inscription proclamait son nom, sa patrie et la victoire de ses armes ; chez ceux dont les villes étaient tombées sans combat entre ses mains, les stèles portaient la même inscription que pour les nations valeureuses, mais il y faisait graver en outre l'image des parties sexuelles de la femme, pour signaler leur lâcheté. » (II. 102). Hérodote affirme dans le livre II au chapitre 106 avoir vu quelques-unes de ces stèles en Syrie de Palestine, mais de telles représentations nous sont inconnues, sauf, peut-être, comme on l'a proposé, le bas-relief de Karabel, près de Sardes en Asie Mineure. Notons encore les paroles d'une femme, Artémise, reine d'Halicarnasse, parlant des Grecs à Mardonios, « épargne tes navires, ne combats pas sur mer, car leurs hommes sont plus forts que les tiens sur la mer, tout autant que des hommes l'emportent sur des femmes. » (VIII. 68).

Il ne faut certes pas conclure trop hâtivement qu'Hérodote considère toutes les femmes de cette façon, et notre dernier exemple met justement en scène une femme considérée par tous ses contemporains comme très courageuse. « Je nommerai Artémise, dit-il, car j'éprouve une grande admiration pour cette femme qui osa partir en guerre contre la Grèce : demeurée veuve avec un fils, tout jeune encore, elle prit elle-même le pouvoir, et son énergie, son courage viril, l'amenèrent à prendre part à l'expédition, alors que rien ne l'y obligeait… De tous les alliés du Roi, c'est elle qui lui donna les meilleurs avis. » (VII. 99). Nous voyons donc que certaines femmes trouvent grâce aux yeux d'Hérodote, néanmoins, il faut tout de même noter que l'admiration pour Artémise est surtout due à son courage « viril ».

Il est plus prudent de penser que, la plupart du temps, Hérodote se contente de rapporter ce qu'il voit, ce qu'il entend, bref tout ce dont il a été témoin. Il constate les injustices, mais il est fort peu probable qu'il les approuve et même, parfois, il semble qu'il soit quelque peu féministe, si toutefois on peut appeler ainsi un homme du Ve siècle avant Jésus-Christ. Nous verrons d'ailleurs plus loin qu'il considère comme très sages les peuples qui pratiquent l'égalité des sexes et réprouve parfois certaines coutumes de quelques sociétés dans lesquelles la femme se trouve brimée.

3 - LES FEMMES LÉGENDAIRES ET LES DÉESSES

Les femmes tiennent une très grande place dans toutes les légendes de la mythologie des différents peuples de l'antiquité. Nombreuses sont les femmes légendaires qui, selon la tradition, sont les fondatrices de certaines villes, à l'origine de certaines races, voire de certains continents, comme Europe, Asia, Lybia. Nombreuses aussi sont les déesses qui sont, soit favorables, soit défavorables à certains peuples. Quelle attitude devait adopter un esprit tel qu'Hérodote, qui se voulait rationaliste, face à ces légendes et à ces mythes ? Elle est très complexe ; tantôt il rejette avec scepticisme ce qui lui semble incroyable, tantôt il tente d'expliquer les sources du mythe dont il vient de parler, et parfois enfin, il accepte avec une naïveté désarmante des histoires absolument fantastiques.

Au début de son œuvre, Hérodote, voulant expliquer les sources de l'inimitié entre Perses et Grecs, rappelle quelques légendes célèbres de la mythologie grecque. La première est celle d'Io, fille du dieu-fleuve Inachos. Tout le monde connaît l'histoire de cette infortunée jeune fille dont Zeus était tombé amoureux, qui fut poursuivie par la jalousie d'Héra, changée en génisse pour y échapper, et qui dut finalement s'enfuir en Egypte, laissant la trace de son passage au Bosphore (passage de la vache), car elle était poursuivie par un taon suscité par Héra. La tradition nous dit qu'en Egypte elle donna naissance à un fils, Epaphos, qui fut un des héros de la nation égyptienne, ancêtre de Cadmos et d'Europe. Voilà la légende grecque. Hérodote ne parle absolument pas de cette version, mais donne celle des Perses.

Selon eux, dit-il, des marins, marchands phéniciens, étant venus vendre leurs marchandises à Argos, où régnait alors un roi du nom d'Inachos. « Cinq ou six jours après leur arrivée, alors qu'ils avaient vendu presque toute leur cargaison, un groupe nombreux de femmes descendit au rivage et, parmi elles, la fille du roi ; son nom, pour les Perses comme pour les Grecs, était Io, fille d'Inachos. Tandis que ces femmes, debout près de la poupe du navire, marchandaient ce qui leur plaisait, les Phéniciens, l'un excitant l'autre, s'élancèrent sur elles : elles s'enfuirent pour la plupart, mais Io et d'autres furent prises et les Phéniciens les jetèrent dans leur vaisseau qui fit voile vers l'Egypte. » (I.1). Ceci est la version des Perses. Un peu plus loin, dans le livre I, au chapitre 5, Hérodote nous donne la version des Phéniciens. « Ils n'eurent pas recours au rapt, prétendent-ils, pour l'emmener en Egypte : elle avait eu dans Argos des relations avec le capitaine du navire et, quand elle s'aperçut qu'elle était grosse, elle eut honte et peur de ses parents et elle suivit les Phéniciens de son plein gré, pour qu'on ne découvrit point sa faute. » (I. 5).

Hérodote n'attache donc, semble-t-il, aucune importance et n'accorde aucun crédit à la légende grecque d'Io et de Zeus et tente même de donner une explication rationnelle de ce personnage. Il est cependant certain qu'il y a une corrélation certaine entre la transformation d'Io en génisse et la vénération des Egyptiens pour les vaches. Les Grecs, dans leur version, ajoutent qu'après avoir mis au monde Epaphos, Io devint la déesse Isis-Hator, divinité égyptienne, qui est représentée sous la forme d'une vache ou d'une femme dont la coiffure est surmontée des cornes de la vache. Voici ce qu'en dit Hérodote dans le livre II au chapitre 41 : « Dans toute l'Egypte (…) on ne doit pas sacrifier les vaches qui sont consacrées à Isis. En effet, les statues d'Isis la représentent sous la forme d'une femme avec des cornes de vache, comme Io chez les Grecs, et toute l'Egypte vénère les vaches plus que tout autre animal. » Il ne nous donne pas son opinion personnelle sur cette légende, mais il nous est loisible de penser qu'il penche pour un récit tel que celui des Perses ou des Phéniciens, rejetant celui des Grecs. Il accepte cependant la légende de Zeus et de Danaé, à laquelle il fait allusion dans le livre VI, chapitre 55, nous laissant toutefois dans l'incertitude car il ne nous dit pas, là non plus, s'il croit au récit des Grecs.

Vient ensuite, dans le livre I, l'évocation des autres rapts légendaires célèbres, celui d'Europe, celui de Médée et celui d'Hélène. Dans la mythologie grecque, c'est encore Zeus qui, sous l'apparence d'un taureau, enlève Europe, fille d'Agénor, roi de Tyr, descendant d'Io, pour l'emmener en Crète où elle donnera le jour à Minos. Hérodote nous dit à propos des ravisseurs d'Europe : « il se peut que ces hommes aient été des Crétois, » mais ne parle pas du taureau blanc des Grecs. Cependant, la phrase que nous venons de citer ci-dessus nous permet de croire en une certaine exactitude, toute relative, du fondement de certaines légendes.

Il n'est pas question non plus, dans le livre I, chapitre 2, de la fugue de Médée qui suivit Jason par amour, ni de la merveilleuse Toison d'or, mais nous trouvons : « ce sont les Grecs qui commirent la seconde offense : ils gagnèrent sur un navire de guerre Aia, en Colchide, et le fleuve du Phase et, les affaires qu'ils avaient là-bas terminées, ils enlevèrent la fille du roi, Médée. » (I. 2). Pourtant, dans le livre VII, chapitre 193, Hérodote fait une autre allusion à l'expédition des Argonautes et dit : « il y a sur ce golfe un endroit où, dit-on, Héraklès fut abandonné par Jason et ses compagnons, les Argonautes, tandis qu'il allait chercher de l'eau, dans leur voyage vers Aia, en Colchide, pour conquérir la Toison d'or. » Aucune interprétation ne nous est proposée à ce sujet, ni sur la signification de cette fameuse Toison d'or, ni sur le symbole représenté par cette célèbre expédition. Est-ce une contradiction entre le livre I et le livre

VII ? Cela est fort possible, mais même si Hérodote croit à l'expédition des Argonautes, il n'en reste pas moins vrai qu'il considère la légende de Médée, la magicienne, amoureuse de Jason, comme une fable, destinée à faire accepter une guerre par le peuple.

Il est une autre légende à laquelle il ne croit pas, c'est celle d'Hélène, telle qu'elle est rapportée par Homère. En effet, après une brève évocation de cette histoire, dans le livre I au chapitre 3, en ces termes : « Alexandre, fils de Priam […] eut l'idée de se procurer une femme en Grèce par un rapt, bien sûr de jouir, lui aussi, de l'impunité, comme tous les autres. C'est ainsi qu'il enleva Hélène. Les Grecs décidèrent d'abord d'envoyer des messagers réclamer Hélène et demander réparation du rapt… » Cependant Hérodote souligne bien qu'il ne se porte pas garant de toutes ces histoires. « Pour moi, je ne viens pas ici déclarer vraies ou fausses toutes ces histoires. » Il rapporte, dans le livre II, au chapitre 113, ce qui, à son avis, lui semble être la véritable aventure d'Hélène. « Quand Alexandre l'eut enlevée de Sparte, il s'embarqua pour regagner sa patrie mais arrivé dans la mer Egée, des vents contraires le poussèrent dans la mer d'Egypte ; ces vents, continuant à souffler, il aborda en Egypte. Retenue par Protée, roi d'Egypte, » Hélène resta dans ce pays jusqu'au jour où Ménélas, après la guerre de Troie, vint la chercher, pour la ramener à Sparte.

Hérodote, son récit achevé, ajoute son opinion personnelle : « Voilà le récit que me firent les prêtres égyptiens. J'accepte, pour ma part, leurs traditions… », et d'ajouter quelques réflexions qui le poussent à préférer cette version ; si Hélène s'était vraiment trouvée à Troie, elle aurait très certainement été rendue à son époux, car Priam n'était pas frappé de démence au point de tout sacrifier dans sa ville pour qu'Alexandre pût garder Hélène. Toutefois, dans le livre IX, chapitre 73, Hérodote rejoint la tradition grecque, en faisant mention du rapt d'Hélène par Thésée et des recherches qu'en firent les Tyndarides. Il existe dans l'Enquête un autre passage dans lequel Hérodote parle d'Hélène, et cette histoire se rattache au merveilleux. Nous y retrouvons un Hérodote assez naïf : il s'agit du miracle d'Hélène, dont nous parlerons dans le chapitre suivant. Une enfant, très laide et disgracieuse, devient très belle grâce à un miracle accompli par Hélène. C'est encore une contradiction dans le caractère d'Hérodote qui, tantôt fait un effort vers l'analyse rationaliste, tantôt se laisse aller dans le merveilleux propre à son époque.

En rapportant la légende d'Héraklès et de la femme serpent, Hérodote ne repousse pas totalement la tradition. Après avoir conté qu'Héraklès, à son retour de l'expédition d'où il ramena les bœufs de Géryon, était parvenu dans l'actuel pays des Scythes, il ajoute qu'une créature, mi-femme, mi-serpent, lui avait dérobé ses cavales et voulait le garder auprès d'elle. « Avant de partir, il en eut trois fils, dont le plus jeune Scythès, est l'ancêtre des rois de Scythie. » (IV. 10). Hérodote ne donne pas son opinion personnelle sur cette légende, il se contente de commencer son chapitre suivant par ces mots : « il existe encore une autre tradition que je préfère, pour mon compte. » Le verbe préférer montre qu'il ne rejette pas totalement l'existence de cet être extraordinaire et qu'elle ne lui semble pas complètement impossible.

Cependant, dans d'autres passages, son effort d'analyse rationnelle est poussé beaucoup plus avant. Dans le livre II au chapitre 54, il rapporte ce qu'il a entendu dire par les prêtres de Thèbes et par les prophétesses de Dodone, une ville d'Epire, au sujet de l'origine de l'oracle de Dodone : « Deux colombes noires, envolées de la Thèbes des Egyptiens, gagnèrent, l'une la Lybie, l'autre leur pays ; celle-ci se posa sur un chêne et parlant avec une voix humaine, déclara qu'il fallait établir en cet endroit un oracle de Zeus ; les gens de Dodone pensèrent que cet ordre leur venait d'un dieu et, par suite, s'y conformèrent. » La colombe de Lybie, selon la légende, fit de même et établit un oracle d'Ammon. Mais, après ce récit, Hérodote enchaîne sur ces mots : « voici là-dessus mon opinion personnelle » et d'expliquer très rationnellement que « des Phéniciens ont certainement enlevé deux prêtresses égyptiennes pour les vendre, l'une en Lybie, l'autre en Grèce. Celle de Grèce, probablement esclave, établit un sanctuaire de Zeus sous un chêne, puis institua un oracle, dès qu'elle connut la langue grecque, et raconta ses aventures et celles de sa sœur. Le nom de colombe leur fut donné, je pense, par les Dodonéens parce qu'elles étaient des étrangères et que leur langage était pour eux semblable au ramage des oiseaux. Plus tard, disent-ils, la colombe prit une voix humaine : c'est lorsque cette femme se servit d'un langage qu'ils comprenaient ; mais, tant qu'elle leur parlait dans sa propre langue, elle leur semblait proférer, comme les oiseaux, des cris inintelligibles. Enfin, en disant que cette colombe était noire, ils veulent faire entendre que la femme était égyptienne. » Nous avons ici un bel exemple de la façon dont Hérodote, à certains moments, considère les différentes légendes merveilleuses de la mythologie grecque et tente de démythifier l'histoire. Malheureusement, ce n'est pas tout le temps le cas.

Malgré toutes ses tentatives vers des explications absolument rationnelles, Hérodote conserve cependant la naïveté parfois enfantine des peuples primitifs, avec leurs croyances et leurs mythes créés dans le but d'expliquer tous les phénomènes et tous les événements qui n'étaient pas alors explicables par la science, assez peu développée à cette époque. Il est religieux, il croit aux dieux et aux déesses ; pour lui, les oracles sont sacrés et on pourrait même ajouter qu'il est superstitieux : il croit, par exemple, que la défaite de Crésus et la chute de l'empire lydien sont dues à la faute de Gygès et de la femme de Candaule. D'autre part, toujours dans l'histoire de Crésus, l'oracle d'Apollon prédit la vérité sur l'issue de la guerre, mais Crésus, n'ayant pas cherché à interpréter les paroles ambiguës de Loxias, se perd par sa propre faute. Dans la fondation de Cyrène, la Pythie intervient à tout moment. Il croit aux Erynnies. La Pythie annonce aussi aux Spartiates qu'ils ne peuvent gagner la guerre contre Tégée, s'ils ne rapportent pas chez eux les ossements d'Oreste, son oracle se trouve être juste. Hérodote n'hésite pas non plus à assimiler Io à Isis, Epaphos à Apis, « après le retour de Cambyse à Memphis, le dieu Apis (que les Grecs appellent Epaphos) se manifesta en Egypte. » (III. 27).

Les oracles rendus à de hauts personnages sont très fréquents chez Hérodote, et la plupart du temps, ces oracles sont rendus par des femmes. Les temples voués aux déesses, grecques ou étrangères (Hérodote assimile ces dernières aux déesses grecques, leur donnant leur nom grec), sont aussi très nombreux dans l'Enquête. Certaines coutumes religieuses sont spécialement destinées aux femmes. Chez les Taures, on sacrifie à la déesse vierge (IV. 103). Certains peuples vénèrent la Grande-Mère. Hérodote ne se permet absolument aucun commentaire lorsqu'il s'agit de coutumes religieuses ou de déesses qui sont, à ses yeux, aussi sacrées que les dieux eux-mêmes. Et nous pourrons en retirer une leçon, c'est que cette égalité, voire cette supériorité parfois du sexe féminin sur le sexe masculin chez les dieux et les déesses, a probablement une origine tout à fait plausible dans le fait qu'il existait, dans la société primitive, un certain règne de la femme qui, par la suite, a disparu en fait, mais s'est poursuivi dans les légendes, dans les mythes et dans la religion qui ne sont autre chose que les événements très anciens ramenés à un niveau primitif ou sublimés.

4 - LES FEMMES DANS LES CONTES ET LES ANECDOTES

Nous avons dit qu'Hérodote était un merveilleux conteur et nous pourrions ajouter que, chez lui, les qualités du conteur sont certainement aussi grandes que celles de l'historien, voire supérieures. Il sait parfaitement comment s'y prendre pour soutenir l'intérêt du lecteur, son habileté en ce domaine est grande. Il sait aussi comment amener ses contes à l'intérieur du récit ou de ses descriptions, sans que le lecteur soit lassé par le nombre des digressions car, nous l'avons dit, bien que le sujet de l'Enquête soit le récit des guerres entre le monde grec et le monde asiatique, le récit de ce conflit n'occupe qu'une partie bien minime dans l'œuvre d'Hérodote, le reste ressort d'un domaine qui, bien qu'étant susceptible de se rattacher à la science historique, est plutôt varié et pourrait-on dire, universel.

En dehors des relations géographiques, sociologiques, psychologiques, ethnologiques, journalistiques, nous trouvons les contes, les légendes et des anecdotes qui sont narrées avec une délicieuse bonhomie et parfois avec une naïveté surprenante. Qu'il s'agisse de nouvelles, longues ou courtes, de germes de romans, de contes à tendance moralisante, de contes pittoresques et gaillards, de fabliaux, de contes de fées, de contes touchants et émouvants, Hérodote sait mener, avec un naturel parfait et une simplicité touchante, son récit. Or dans tous ses contes, il est bien rare que l'on ne trouve pas un personnage féminin, ou plusieurs, jouant le rôle principal ou un rôle secondaire. Nous allons voir comment nous sont présentées les femmes dans les contes d'Hérodote et essayer de déterminer la place qu'elles y occupent.

Il n'y a pas de femme dans la légende d'Arion ni dans celle de Polycrate, pas plus que dans le récit de la chute de Crésus ou de la mort de son fils Atys. Cependant, la plus grande partie des contes et des anecdotes comporte des personnages féminins. Nous trouvons plusieurs types de femmes et différents comportements féminins. Le premier type que nous pourrions relever est celui de la femme maternelle, émouvante et se laissant émouvoir par l'enfant. Dans le livre V au chapitre 92, Hérodote nous raconte comment Cypsélos échappa à ses assassins grâce à sa mère Labda. Celle-ci, ayant accouché, et son fils ayant été l'objet d'une prophétie avant sa naissance, des gens furent chargés de faire périr l'enfant ; après un premier échec, ils revinrent, mais la mère ayant entendu leur conversation, avait caché son fils dans un coffre et l'enfant fut sauvé ainsi. Comme un coffre (kuyhlh, cypsélé) l'avait sauvé dans ce danger, il reçut le nom de Cypsélos.

Nous avons un autre exemple de l'instinct maternel de la femme, dans le conte sur l'enfance de Cyrus. Astyage, roi des Mèdes, ayant décidé de faire assassiner dès sa naissance son petit-fils, Cyrus, (parce qu'il craignait que, sous le commandement de celui-ci, les Perses ne renversent les Mèdes du pouvoir) donne l'ordre à Harpage, un haut personnage, de le faire périr ; mais celui-ci, ému par la grâce de l'enfant, charge un bouvier, nommé Mitradatès, de le tuer à sa place. Ce bouvier avait pour compagne une esclave, et le nom de cette femme était en grec Cyno (la chienne). Lorsque le bouvier rentra chez lui et raconta à sa femme la mission dont il avait été chargé par Harpage, « elle vit que l'enfant était fort et beau, et elle se mit à pleurer, à embrasser les genoux de son mari, en le suppliant par-dessus tout de ne pas l'exposer. Mais l'homme déclara qu'il ne pouvait agir autrement. [...] Sa femme ne put le faire changer d'avis et finit par lui dire : Eh bien ! puisque je ne puis te décider à ne pas l'exposer, voici ce que tu dois faire : s'il faut absolument qu'on voie un enfant exposé, j'ai accouché, moi aussi, mais d'un enfant mort : va l'exposer et élevons l'enfant de la fille d'Astyage comme s'il était le nôtre. » Voici un bel exemple d'instinct maternel et de générosité.

Il faut, à ce sujet, ouvrir une courte parenthèse sur les différentes femmes légendaires ayant recueilli et élevé des enfants trouvés. Le nom de cette femme, dit Hérodote, était Cyno, c'est-à-dire la chienne, et en grec ce mot désigne aussi une prostituée ; or, au chapitre 122 du livre I, Hérodote nous dit que Cyrus, ayant retrouvé ses parents, ceux-ci « répandirent le bruit qu'une chienne avait nourri Cyrus, lorsqu'on l'avait exposé. » Il nous paraît opportun de rapprocher cette histoire de celle des deux jumeaux de la mythologie romaine, Romulus et Rémus, recueillis eux aussi par une louve et nourris par elle. Or, en latin, le mot lupa possède deux sens : il signifie la louve et aussi prostituée. Certaines thèses soutiennent que ces deux enfants furent recueillis, non pas par une louve, mais par une femme de mauvaise vie. Dans la légende de Zeus, celui-ci avait été nourri par une chèvre, Amalthée, qui, selon une autre tradition, est le nom de la nymphe qui sauva l'enfant et le confia à une chèvre. Dans la religion et la tradition hébraïque, il est un autre nouveau-né dont l'histoire offre une ressemblance assez frappante avec les précédentes. C'est celle de Moïse, sauvé des eaux par la fille du pharaon. Nous trouvons une légende babylonienne et assyrienne très ressemblante : le fondateur de la dynastie d'Accad, le roi Sargon d'Accad, qui régna vers le XXIIIe siècle avant notre ère, fut enfanté secrètement par sa mère, puis placé dans une corbeille de roseau. Le nouveau-né est abandonné aux eaux de l'Euphrate qui l'emportent. Il est d'abord recueilli par un homme qui en fait son jardinier, jusqu'au jour où la déesse Istar s'éprend d'amour pour lui et l'appelle à la royauté. Les légendes ne manquent pas et celles rapportées par

Hérodote ne font que confirmer l'importance que l'on accordait, à cette époque, à l'instinct maternel des femmes.

Dans le conte que l'on pourrait qualifier de fabliau, narrant la guérison de la cécité du roi d'Egypte, Phéros, à la recherche d'une femme restée toujours fidèle à son mari, et ayant toutes les peines du monde à en trouver une, même après avoir tenté l'expérience avec sa propre femme, il est toujours question du sexe féminin et l'on peut même dire que les femmes en sont les principales héroïnes, puisque ce n'est pas tant pour la guérison du roi qu'Hérodote nous raconte cette histoire, que pour montrer l'inconduite des femmes mariées.

De même, dans le récit narrant l'origine des Sauromates, issus des Scythes et des Amazones, nous avons affaire à un conte gaillard, où les femmes, si elles n'ont pas le premier rôle, sont tout de même indispensables à l'histoire. En effet, raconte Hérodote, les Amazones, vaincues par les Grecs, s'en allèrent pour piller la terre des Scythes. Ceux-ci, déconcertés, décident d'arrêter le combat traditionnel et d'envoyer auprès d'elles des jeunes gens « dans le dessein d'avoir des enfants nés de ces femmes ». (IV. 111). Les jeunes gens partent donc bravement en expédition, n'attaquent pas les Amazones, refusent le combat, en se repliant lorsqu'ils sont attaqués, et établissent leur campement à côté de ces femmes qu'ils ont pour mission de séduire. Ils se mettent à vivre comme elles « de chasse et de brigandage. Enfin, un jour, l'un d'eux s'approcha d'une femme qui se trouvait seule et celle-ci le laissa jouir d'elle, sans faire de résistance. Elle ne pouvait pas lui parler car ils ne se comprenaient pas ; mais elle lui fit entendre par signes qu'il eût à se trouver au même endroit, le lendemain, avec un camarade, en lui indiquant qu'ils devraient être deux, et qu'elle-même amènerait une compagne. » (IV. 113). Et, de cette façon, toutes les Amazones, conquises les unes après les autres, épousèrent le jeunes Scythes, et c'est de cette union qu'est né le peuple des Sauromates.

Le miracle d'Hélène, auquel nous avons déjà fait allusion, a encore des héroïnes féminines ; c'est un charmant conte de fées, où l'enfant, la nourrice et la dame inconnue sont les seuls personnages. Ce conte pourrait nous faire penser à la Belle au bois dormant ou à Cendrillon. La nourrice d'une enfant très laide, cherchant un remède à ce malheur, la portait, chaque jour, au sanctuaire d'Hélène et faisait des prières pour que l'enfant perdît sa laideur et devînt belle. « Un jour, en quittant le sanctuaire, elle vit devant elle, dit-on, une femme, et cette femme lui demanda ce qu'elle portait dans ses bras : un petit enfant, répondit-elle. La femme lui demanda de le lui montrer ; elle refusa car les parents lui avaient défendu de laisser voir leur fille. Mais l'inconnue insista beaucoup et la nourrice la vit si désireuse de voir l'enfant qu'elle lui montra. La femme, alors, caressa la tête de la petite fille et déclara qu'elle deviendrait la plus belle femme de Sparte. A partir de ce jour-là, l'enfant fut transformée » (VI 61). Voilà donc un conte où tous les personnages sont féminins.

Il est encore un conte, mi-plaisant, mi-paillard, comportant une héroïne féminine ; c'est l'histoire des voleurs de Rhampsinite. Ce pharaon, volé, berné par des voleurs très astucieux, se décide à employer sa propre fille pour découvrir les coupables ; pour ce faire, il la place dans un bordel où elle demandera à chaque client de lui raconter son action la plus ingénieuse et aussi celle la plus criminelle. Malheureusement pour la justice, le voleur, usant d'un stratagème, parvient à s'échapper et le roi, devant une telle habileté, lui pardonne et lui donne sa fille en mariage.

Dans d'autres contes ou anecdotes, les femmes apparaissent sous un tout autre aspect. Parfois, leur attitude est assez cruelle et impie. La femme de Candaule, dont nous avons déjà parlé, est aussi presque entièrement la vedette de ce récit que nous fait Hérodote. Sa cruauté n'est pas unique dans l'Enquête et nous pourrions reparler de divers cas de cruauté féminine, par exemple de la jalousie d'Amestris ou des ordres donnés à Périandre par le fantôme de sa femme Mélissa. Toujours est-il que les femmes, présentées dans les différents récits d'Hérodote, nous apparaissent sous des aspects très divers.

5 - CONDITION DE LA FEMME

Nous avons déjà parlé plus haut de la misogynie qui régnait dans certaines civilisations de l'antiquité et de la condition, parfois inférieure, qu'occupaient les femmes. Il nous faut examiner à présent la condition sociale de la femme dans l'œuvre d'Hérodote qui nous présente, il faut le dire, une gamme assez étendue de femmes de toutes sortes. Malheureusement, la plupart du temps, les femmes dont il parle sont des personnages importants ou des épouses d'hommes eux-mêmes importants. Quelques rares fois, il nous présente des femmes du peuple ou des coutumes féminines en usage dans certaines peuplades et ayant un caractère plus général.

Dans la description de l'Egypte, dans le livre II, chapitre 35, Hérodote écrit : « chez eux, les femmes vont au marché et font le commerce, les hommes gardent la maison et tissent. » Il est fort probable que l'affirmation sur les hommes soit fausse car les bas-reliefs nous montrent des femmes en train de tisser, mais ce qui nous intéresse, c'est qu'Hérodote se croit obligé de rapporter que les femmes vont au marché. Ceci tend à nous faire penser que leurs sorties n'étaient pas chose courante dans les autres sociétés, notamment à Athènes où la femme était reléguée dans le gynécée. D'ailleurs, un peu plus loin, dans les chapitres 60 et 61, nous apprenons qu'en Egypte, toujours, les hommes et les femmes participent ensemble à certaines cérémonies religieuses, notamment pour la fête d'Isis, à Busiris. Cela devait, sans aucun doute, étonner les Grecs chez qui les femmes n'étaient pas admises parmi les hommes, lors des cérémonies religieuses.

Nous avons vu que, lors du siège de Babylone, les femmes avaient été étranglées pour économiser les vivres ; plus tard, après la prise de la ville par Cyrus, celui-ci ordonna que les pays environnants envoient tous des femmes pour les Babyloniens vaincus. Ceci nous montre bien que, parfois, la femme n'était pas considérée comme un être humain, mais seulement comme un instrument de reproduction et de divertissement. Dans le livre VII, chapitre 187, après le recensement des troupes de Xerxès, Hérodote ajoute : « quant aux femmes , vivandières et concubines, et aux eunuques, personne n'en peut dire le nombre exact, non plus que des bêtes de somme ou de trait et des chiens indiens qui suivaient l'armée en multitude impossible à dénombrer. » On a l'impression ici qu'Hérodote met les femmes sur le même plan et au même rang que les bêtes de somme. D'ailleurs, quelques lignes plus bas, il reprend :

ceci « sans parler des femmes, des eunuques, des bêtes de somme et des chiens. »

Pourtant, lorsqu'un peuple est vaincu, ce sont parfois les femmes qui subissent, elles aussi, les humiliations, les brutalités ou les représailles des vainqueurs. Lors de la prise de la citadelle de Memphis par Cambyse, ce dernier pour humilier Psamménite, le roi d'Egypte, « fait habiller en esclave sa fille et l'envoya chercher de l'eau, un seau à la main, en compagnie d'autres captives choisies parmi les filles des plus grands personnages et vêtues comme elle » (III. 14). Dans l'histoire de Polycrate, Hérodote nous montre un moyen de pression employé par celui-ci pour empêcher ses sujets de se révolter : « Quant aux citoyens qui se trouvaient sous son joug, Polycrate en avait fait entasser les femmes et les enfants dans son arsenal, prêt à faire brûler ensemble otages et bâtiments, si les hommes faisaient cause commune avec les Samiens qui revenaient. » (III. 45).

Quant aux brutalités, allant parfois jusqu'au meurtre, l'Enquête nous en fournit quelques exemples. Dans le livre VI, au chapitre 138, Hérodote nous raconte l'histoire des Lemniens qui avaient enlevé des femmes athéniennes et les avaient prises pour concubines ; mais les enfants qu'ils avaient eus d'elles refusaient de se mêler à leurs enfants légitimes et se battaient tout le temps avec eux. Après réflexion, les Pélasges « décidèrent de tuer les enfants qu'ils avaient eus des Athéniennes et ils le firent, tuant les mères par surcroît ».

Dans le livre V, Hérodote nous parle de Périandre et de sa femme Mélissa, sans donner beaucoup de précisions, mais il nous a appris en (III. 50) qu'il l'avait tuée ; dans Diogène-Laèrce, le vrai nom de la femme de Périandre aurait été Lysidé et Périandre l'aurait tuée involontairement d'un coup d'escabeau, à la suite d'une calomnie de ses concubines.

Un autre meurtre de femme, ayant pour cause des brutalités, nous est rapporté dans l'Enquête, il s'agit du meurtre de Roxane par Cambyse. Ce dernier avait épousé ses deux sœurs, Atossa et Roxane, « et c'est la plus jeune des deux qui le suivit en Egypte et qu'il tua ». Là-dessus, Hérodote nous donne deux versions de la mort de Roxane, qui montrent aussi bien l'une que l'autre la cruauté de Cambyse qui avait déjà fait assassiner son frère Smerdis. Voici les deux traditions de la mort de Roxane : la première dit qu'au cours d'un combat entre un lionceau et un jeune chien, « le jeune chien avait le dessous, lorsqu'un autre jeune chien, le frère du premier, rompit sa laisse et vint à son secours, si bien qu'à eux deux ils triomphèrent du lionceau. » Roxane s'étant mise à pleurer, Cambyse lui demanda la raison de ses larmes et celle-ci lui répondit qu' « au spectacle de ce chien accouru pour secourir son frère, elle n'avait pu retenir ses larmes, parce qu'elle avait pensé à Smerdis et s'était dit qu'il n'avait personne, lui, pour le venger. » (III. 32). C'est pour cette raison que Cambyse la fit périr. Dans le second récit, ayant sous un autre forme reproché aussi l'assassinat de Smerdis à Cambyse, celui-ci, furieux, l'accabla de coups de pieds, et comme elle était enceinte, elle mourut à la suite d'une fausse couche. Il faut tout de même ajouter à la décharge des souverains perses que Cambyse était atteint de folie.

Cependant, il ne faudrait pas croire que les quelques exemples que nous venons de citer étaient une généralité. Si, à Babylone, on avait étranglé les femmes, dans de nombreux autres cas, on les mettait en sécurité en cas de danger, et cela, même dans des peuplades assez peu civilisées. Les Phocéens tout d'abord, lorsqu'ils sont chassés par les Mèdes, évacuent leurs femmes et leurs enfants. (I. 164-166). Le roi d'Egypte Psammétique, essayant de retenir les Transfuges égyptiens qui voulaient partir en Ethiopie, leur dit « qu'il ne pouvait leur laisser abandonner les dieux de leurs ancêtres, leurs enfants et leurs femmes ». (II. 30). Il ne parvient pas à les convaincre, mais ceci nous montre tout de même que la famille avait en Egypte une certaine importance.

Les Scythes, attaqués par le Perses sous la conduite de Darius, avant d'entamer les hostilités, « firent d'abord partir les chariots où vivaient leurs enfants et leurs femmes, et en même temps tous leurs troupeaux (sauf ce qu'il leur fallait pour leur nourriture), avec ordre de marcher toujours vers le nord ». (IV. 121). Ailleurs, dans le chapitre 69 de ce même livre, Hérodote signale une coutume scythe qui montre que les femmes ne sont pas trop mal considérées chez eux. « Lorsque le roi fait exécuter un homme, il frappe aussi sa famille et il fait périr tous ses enfants mâles, mais épargne les filles. » Ceci peut, sans doute s'expliquer par une population comportant plus d'hommes que de femmes et non par un souci d'humanité. Lors de l'invasion de la Grèce par Xerxès, les Delphiens (VIII. 36) et les Athéniens (VIII. 40) évacuent les femmes et les enfants pour les mettre à l'abri du danger.

Il est une civilisation qui offre à la femme une grande place, c'est la civilisation égyptienne. Nous en avons déjà parlé à propos de l'art et Hérodote nous en donne une autre preuve. Nous avons dit que, très souvent, les pharaons se faisaient représenter avec leur femme. Dans le livre II, chapitre 107, nous apprenons que le roi égyptien Sésostris, qui est soit Sésostris Ier soit Sésostris III, prenait souvent conseil auprès de sa femme. Au retour d'une de ses expéditions, comme il s'était arrêté avec ses fils dans la demeure de son frère, ce dernier fit mettre du bois autour de la maison et y mit le feu. « Mais dès qu'il s'en aperçut, Sésostris tint conseil avec sa femme (car il l'emmenait dans toutes ses expéditions). » Elle lui conseille alors d'étendre deux de ses six enfants sur le bûcher en guise de pont ; ils le font et sont sauvés. De même, dans la légende de Sémiramis, celle-ci donne des conseils à son mari Onnès sur la façon de prendre la ville de Bactres. On fait parfois appel à la femme, en la considérant comme un être doué d'intelligence, dans certains cas. Xerxès, lui aussi, fait appel aux conseils d'Artémise, lors de son expédition contre la Grèce.

On fait appel aussi parfois à la collaboration féminine pour certains actes qui demandent assez de courage. Lors de l'escroquerie montée par le mage Smerdis, qui s'était emparé du pouvoir en se faisant passer pour le Smerdis, frère de Cambyse et assassiné par lui, c'est grâce à une femme que tout pourra rentrer dans l'ordre. En effet, le mage, à la mort de Cambyse, s'était emparé de toutes les femmes de ce dernier, et parmi celles-ci se trouvait la fille d'un très haut personnage perse, Otanès, qui se nommait Phaidyné. Cette dernière vivait donc dans le harem du mage, et comme son père commençait à se douter de la vérité, il lui demanda son concours pour s'assurer de l'identité de Smerdis. Pour ce faire, après deux tentatives infructueuses, « il fit parvenir à sa fille un troisième message : […] voici ce que tu vas faire : lorsque tu partageras son lit et sentiras qu'il dort profondément, tâte ses oreilles : s'il en a, c'est bien Smerdis, le fils de Cyrus ; s'il n'en a pas, il s'agit de Smerdis le mage. » Phaidyné répond à son père qu'il s'agit là d'une mission très dangereuse, mais qu'elle l'exécutera. Elle fait alors ce que son père lui avait demandé et ainsi Otanès fut au courant de la supercherie du mage (III. 70). Il s'agit, bien entendu, d'une femme d'un haut rang social et nous allons parler maintenant des femmes puissantes de l'Enquête.

Les femmes de Darius nous sont présentées comme vivant dans un harem, certes, mais possédant une certaine liberté et même assez riches. Darius, s'étant fait une entorse, est guéri par un médecin grec, Démocédès. Pour le récompenser, Darius « le fit conduire auprès de ses femmes. Les eunuques l'emmenèrent et le présentèrent aux femmes comme l'homme qui avait rendu la vie au roi ; chacune d'elles, alors, plongea une coupe dans le coffre où était son or et en offrit le contenu à Démocédès, présents si généreux que son escorte, un serviteur nommé Sciton, en ramassant les statères (monnaie perse) tombés des coupes recueillit une belle somme. » (III. 130). Ainsi donc, malgré leur vie de recluses, les femmes des rois perses n'étaient pas considérées comme des êtres inférieurs à tous les points de vue. Elles avaient le droit de posséder une fortune personnelle et d'en disposer comme bon leur semblait. D'autre part, il apparaît que l'autorisation pouvait être donnée à un ami du roi d'entrer dans leurs appartements.

Ce même Démocédès eut une autre aventure qui nous montre la puissance que pouvaient avoir certaines femmes en Perse. Il advint qu'Atossa, fille de Cyrus et femme de Darius, eut une tumeur au sein et sa vie était en danger. Démocédès la guérit, mais auparavant, il lui avait fait jurer de lui accorder ce qu'il lui demanderait. Et, après sa guérison, Démocédès la poussa à intervenir auprès de Darius pour qu'il marchât contre la Grèce et l'envoyât d'abord lui, Démocédès, comme éclaireur ou comme espion, pour préparer l'expédition. (III. 133-134). Que cette histoire soit vraie ou fausse, peu importe, ce qui est sûr, c'est que si la tradition a retenu cette anecdote, Atossa avait une influence assez grande sur son époux, et de là, nous pouvons déduire que les épouses des Perses étaient, en général, écoutées par leur mari. D'ailleurs, cette même Atosssa, épouse tout d'abord de Cambyse, son frère, puis du mage Smerdis, puis de Darius, nous est présentée par Hérodote comme très influente. Lorsque Darius doit désigner son successeur et que ses enfants revendiquent le trône, finalement Xerxès obtient d'être désigné comme successeur par un argument qui lui a été soufflé par le Lacédémonien Démarate, mais, ajoute Hérodote, « à mon avis, d'ailleurs, Xerxès aurait hérité du pouvoir même sans invoquer cet argument car sa mère, Atossa était toute-puissante ». (VII. 3).

Hérodote, en d'autres endroits, nous présente de nombreuses femmes dirigeantes. Nous avons déjà nommé Artémise, la reine d'Halicarnasse, et nous avons vu que Xerxès la tenait en grande considération, et parfois même lui demandait des conseils. Nous la retrouvons dans la bataille de Salamine, au livre VIII, chapitre 87-93, où elle se bat d'une manière très courageuse et surtout très habile : elle n'hésite pas à couler un navire allié, pour échapper à un vaisseau grec qui la poursuivait. D'ailleurs, Hérodote nous apprend que sa personne était mise à prix : « il y avait dix mille drachmes de récompense pour qui la prendrait vivante : les Athéniens trouvaient inadmissible qu'une femme osât faire la guerre à leur cité. »

Nous avons aussi le cas d'une régence féminine, celle de Phérétiné, la mère d'Arcélias, roi de Cyrène. Ce dernier s'étant éloigné volontairement de Cyrène, par crainte d'un oracle, « aussi longtemps qu'il vécut à Barcé, victime du malheur qu'il avait lui-même attiré sur sa tête, sa mère Phérétiné occupa la place de son fils dans Cyrène : elle dirigeait la ville et siégeait au sénat ». (IV. 164). Et l'on a vu plus haut qu'après la mort de son fils, tué par les Barcéens, étant allée demander du secours aux Perses, alors en Egypte, et ayant pris la ville de Barcé, elle se conduisit de la façon la plus cruelle envers les vaincus, faisant empaler les hommes autour des remparts, coupant les seins aux femmes et les faisant suspendre également à la muraille.

D'autres reines sont encore citées dans l'Enquête. Sémiramis, reine de Babylone, qui, selon Hérodote, « fit élever, dans la plaine, des digues qui sont des ouvrages remarquables ; auparavant, le fleuve inondait régulièrement toute la plaine ». (I. 184). Cette Sémiramis est probablement Sammouramat, femme du roi Samsi-Adad V, qui fut régente, pendant la minorité de son fils. Vient ensuite, dans l'Enquête, le nom de Nitocris, vraisemblablement la reine Naqia, mère d'Asarhaddon et épouse de Sennacherib. Sur celle-ci, Hérodote nous donne beaucoup plus de détails. Les travaux qu'elle fit entreprendre sont décrits avec minutie : construction de digues, création d'un lac artificiel, détournement d'un fleuve, construction d'un pont à l'intérieur de la ville.

Et enfin nous trouvons Tomyris, la reine des Massagètes, contre lesquels Cyrus préparait une expédition. Elle aussi est une femme énergique, autoritaire et sachant se venger cruellement. Elle sait faire manœuvrer son armée, mais sur les conseils de Crésus, qui propose une ruse à Cyrus, en ajoutant que « ce serait une honte insupportable pour Cyrus, pour le fils de Cambyse, de reculer devant une femme, » une partie des Massagètes tombe dans un traquenard ; ils se font massacrer ou sont faits prisonniers, et, parmi ces derniers, le fils de Tomyris, nommé Spargapisès. Malgré un message de la reine demandant à Cyrus de lui rendre son fils, Cyrus est décidé à poursuivre la guerre. Le jeune homme s'étant suicidé, Tomyris fait lancer alors une attaque décisive contre les Perses et remporte la victoire. Pour couronner son succès, « Tomyris fit remplir une outre de sang humain et rechercher le corps du roi, parmi les cadavres des Perses ; quand on l'eut trouvé, elle fit plonger sa tête dans l'outre et, outrageant son corps, elle prononça ces mots : Oui, toute vivante et victorieuse que je sois, c'est toi qui m'as perdue, puisque ta lâche ruse m'a pris mon fils. Mais je vais, moi, te rassasier de sang, comme je t'en avais menacé. » (I. 214). Ainsi donc les reines, présentées par Hérodote, savent faire la guerre aussi bien que les hommes, remporter des victoires, et parfois se conduire aussi cruellement et sauvagement qu'eux.

Pour clore ce chapitre sur une note plus originale, nous parlerons à présent d'une coutume en usage chez les Auses. Il s'agit de l'élection de la plus belle fille du pays. « Le peuple désigne la fille la plus belle, qu'on promène sur un char, parée d'un casque corinthien et d'une armure complète à la grecque, tout autour du lac. » (IV. 180). Malheureusement à la suite de cette manifestation pacifique, « toutes les filles du pays, réparties en deux camps, se livrent bataille à coups de pierres et de bâtons […] et les filles qui succombent à leurs blessures sont traitées de fausses vierges. » (IV. 180).

Ainsi, il semble difficile de généraliser au sujet de la condition sociale de la femme chez Hérodote, car il faut distinguer deux catégories sociales : les femmes du peuple et les femmes dirigeantes. Les premières n'ont certes pas beaucoup de droits, sauf évidemment dans certaines civilisations, et ne sont pas l'objet de beaucoup de considération. En revanche, les secondes sont toutes puissantes et parfois même, des hommes écoutent leurs avis, les consultent et s'inclinent devant elles. N'oublions pas enfin le rôle joué par certaines grandes figures légendaires féminines, telles qu'Hélène, Io, Europe ou Didon, la fondatrice de Qart-Hadasht (la ville neuve) ou Carthage.

6 - LE MARIAGE : CHOIX DU MARI

De tous les pays qu'il décrit, Hérodote nous rapporte avec une certaine précision les us et coutumes des habitants. Une coutume sur laquelle il nous renseigne presque toujours est celle dont ces différents peuples ont l'habitude de se marier ou, du moins, de s'unir avec les femmes. Il est évident que nous pourrions nous demander par la suite si certains détails qu'il nous donne ne sont pas sujets à caution. Examinons tout d'abord ces différentes sortes de mariage, et en premier lieu, la façon dont se faisait le choix du mari pour la femme.

Dans le livre VI, au chapitre 122, Hérodote cite le nom d'un Athénien, Callias, qui avait trois filles, « et voici comment il agit avec elles : quand vint le temps de les marier, il les dota magnifiquement et ne chercha qu'à leur plaire, car il leur donna les époux qu'elles s'étaient elles-mêmes choisis entre tous les Athéniens. » Pour qu'Hérodote signale ce comportement paternel, il faut qu'il comporte quelque chose d'exceptionnel. L'approuve-t-il ? Il semble que non, car, lorsqu'une coutume lui paraît bonne, il le signale, mais nous ne saurions en être certain. Ce dont nous ne pouvons nous permettre de douter, c'est que la jeune fille, dans l'antiquité, ne devait pas souvent choisir son futur époux.

Un autre peuple, d'après Hérodote, permet à la fille de choisir son époux, c'est le peuple Lydien. « Il est vrai, dit-il, qu'en Lydie toutes les filles se prostituent pour gagner leur dot, et ce, jusqu'au jour où elles trouvent un mari ; elles choisissent, d'ailleurs, elles-mêmes leur mari. » (I. 93). Hérodote n'ajoute aucun commentaire et poursuit son récit. Nous pourrions douter encore au sujet des Lydiens, sur lesquels nous reviendrons, car l'Enquête ne nous donne aucune précision sur la façon dont s'opère le choix du mari : la seule chose que nous puissions affirmer, c'est qu'une femme libre a le droit de s'unir à un esclave et que ses enfants sont des citoyens libres (I. 173) ; il est donc tentant de supposer, en l'absence de plus amples détails, que la femme choisit son mari dans cette société aussi, d'autant plus que nous trouvons de nombreux points communs entre les coutumes lydiennes et celles des Etrusques, et que chez ces derniers, la femme jouit d'un très grand prestige et d'une très grande liberté. Hérodote ne parle pas, non plus, de la façon dont s'opère le mariage chez les Issédones, peuple barbare au nord de la Scythie, qui pratique l'égalité des hommes et des femmes. Nous ne pouvons donc, encore une fois, que nous livrer à des suppositions à leur sujet.

Sur les Thraces, nous n'avons pas beaucoup de détails, mais Hérodote nous dit cependant que « les Thraces ne surveillent pas leurs filles mais veillent sur leurs épouses. » (V. 6). Nous pouvons donc supposer que chez eux aussi les filles choisissent leur mari.

Ce choix du mari qui n'est pas libre pour la femme confirme donc son infériorité par rapport à l'homme, quoiqu'il soit possible de montrer qu'à des temps très proches du nôtre, dans certains milieux, la jeune fille était obligée de se soumettre au choix de ses parents, pour des raisons d'intérêts ou pour toute autre raison. Nous avons, dans l'Enquête, au livre III, chapitre 124, l'histoire d'un mariage arrangé par le père. Nous avons aussi la loi sur le mariage des filles héritières à Sparte (VI. 57). Cependant, si l'on veut bien admettre que les légendes mythologiques ont un certain fond de vérité, il s'est toutefois trouvé quelques femmes exceptionnelles qui ne se soumettaient pas au pouvoir masculin. La conduite d'Hélène de Sparte n'a vraiment aucune ressemblance avec celle d'une femme soumise, pas plus d'ailleurs que celle de Médée ou d'Hypsipylle, reine de Lesbos, pour ne citer que ces trois exemples. Mais nous sommes bien obligés de reconnaître que ce ne sont que des exceptions. Nous avons aussi l'histoire du mariage de Mandane avec Cyrus, roi des Perses, arrangé par Astyage, le roi des Mèdes. Il faut donc penser que, dans la plupart des cas, la femme était soumise à son père, avant de l'être à son mari.

Est-ce en signe de deuil que les jeunes filles, habitant l'île de Délos, coupent leurs boucles, les enroulent sur un fuseau et les déposent sur la tombe des vierges hyperboréennes qui moururent à Délos ? Le mariage, dans l'antiquité, prend souvent l'apparence d'un acte qui n'est pas librement consenti par la femme. Dans de nombreuses peuplades, il revêt souvent l'apparence d'un rapt. Cette coutume date probablement du moment où la société primitive est passée du régime matriarcal au régime patriarcal, et où le mari simulait l'enlèvement de sa femme à son clan primitif qui, auparavant, dirigeait et gouvernait les jeunes époux. Toujours est-il qu'à Sparte le mariage s'effectuait encore sous forme de rapt. Dans le livre VI, au chapitre 65, un roi spartiate, Démarate, vole sa fiancée, en l'enlevant à un jeune homme, nommé Leutychidès.

Signalons aussi le troisième mariage d'Ariston, un roi de Sparte qui, n'ayant pas eu d'enfants de ses deux premières épouses, avait décidé d'en prendre une troisième. S'étant épris de la femme d'un de ses amis, « voici la ruse qu'il imagina. Il offrit à son ami, le mari de cette femme, de lui céder celui de ses biens qu'il choisirait et le pria de lui accorder la même faveur. L'autre, qui ne craignait rien, puisqu'il voyait Ariston marié lui aussi, y consentit et tous deux se lièrent par un serment. Ensuite Ariston laissa l'autre prendre dans ses trésors telle chose qui lui plut, puis, à titre de réciprocité, il voulut emmener la femme de son ami. » (VI. 62). Celui-ci protesta violemment, mais se trouvant lié par son serment, il dut laisser partir sa femme avec Ariston.

Nous retrouvons encore le mariage sous forme de rapt dans la légende de la fondation de Cyrène, récit dans lequel Hérodote nous présente les descendants des Argonautes qui, ayant enlevé des femmes athéniennes à Brauron, avaient été reçus par les Lacédémoniens ; ils abandonnent alors les épouses qu'ils avaient amenées et en prennent d'autres. Mais, ne s'entendant plus avec les Lacédémoniens, ils furent mis en prison, furent sauvés par leurs femmes, réussirent à s'échapper, puis plus tard participèrent à la fondation de Cyrène.

Enfin, il est une sorte de mariage signalée par Hérodote et qui ne doit pas nous surprendre, car elle a existé de tout temps, et de nos jours encore n'est pas rare ; c'est le mariage d'intérêt. Nous en avons plusieurs exemples, mais nous n'en citerons qu'un, pour pouvoir examiner plus rapidement les différentes sortes de régimes matrimoniaux. Dans le livre I, au chapitre 205, au cours du récit de la campagne de Cyrus contre les Massagètes, Hérodote explique ainsi les causes de cette guerre. « Or une femme était devenue, à la mort de son mari, la reine des Massagètes ; elle s'appelait Tomyris. Cyrus, par une ambassade, lui demanda sa main et prétendit la souhaiter pour épouse. Mais Tomyris comprit fort bien qu'il convoitait moins sa personne que son royaume et refusa ses avances. Cyrus, voyant sa ruse échouer, marcha sur l'Araxe et prépara ouvertement une expédition contre les Massagètes. » (I. 205). On voit donc que déjà, dans certains milieux, les mariages d'intérêt étaient chose courante et que les femmes savaient reconnaître les prétendants intéressés.

Nous ne saurions passer sous silence la curieuse façon dont le père d'Agaristé s'y prit pour trouver un époux pour sa fille. Ce Clisthène, de la famille des Alcméonides, avait fait « proclamer par le héraut que tout Grec qui se croirait digne d'être le gendre de Clisthène devrait se trouver à Scyone soixante jours plus tard ou même avant, car il comptait célébrer le mariage au bout d'un an, passé ce délai ». De nombreux prétendants vinrent alors se présenter à la cour de Clisthène et ce dernier les observa pendant un an. Enfin, ce délai écoulé, il organisa un grand banquet et annonça le prétendant qu'il avait choisi pour gendre. Il remercia les autres puis les renvoya chez eux, en leur offrant un talent d'argent, (environ six mille francs or), à chacun, pour les dédommager. (VI. 126-130).

Nous ne reviendrons pas sur la curieuse façon dont se marièrent les Amazones et les jeunes Scythes, mais nous signalerons, pour terminer, une coutume assez originale qu'Hérodote a constaté à Babylone et qu'il nous rapporte avec toute sa verve de conteur bonhomme. Il ajoute même que c'était la loi la plus sage à ses yeux et qu'elle était aussi en vigueur chez les Enètes d'Illyrie, c'est-à-dire les Vénètes, dans la région de Venise. Dans chaque bourgade, une fois l'an, on réunissait toutes les filles en âge de se marier et les hommes s'assemblaient autour d'elles. « Un crieur public les faisait lever, l'une après l'autre, et les mettait en vente, en commençant par la plus belle ; celle-ci vendue pour une forte somme, il mettait aux enchères la seconde en beauté. » Et la vente continuait par ordre décroissant de beauté, et naturellement, de prix. Ainsi, dit Hérodote, tous les Babyloniens, d'âge à se marier, trouvaient une femme, car « ceux qui ne tenaient pas à la beauté recevaient au contraire une somme d'argent en prenant les filles les plus laides. En effet, la vente des plus jolies filles terminée, le crieur faisait lever la plus laide et l'offrait à qui voulait l'épouser au prix le plus bas, pour l'adjuger enfin à l'acquéreur le moins exigeant. L'argent venait de la vente des jolies filles qui mariaient ainsi les laides et les infirmes. » (I. 196). Et, un peu plus loin, Hérodote nous donne ainsi son avis : « c'était une excellente loi, mais elle n'est plus en vigueur. » Nous ne trouvons pas trace de cette coutume dans les documents babyloniens, mais nous savons que le mariage par achat existait, avec contrat passé devant témoins.

7 - LE MARIAGE : DIFFÉRENTS RÉGIMES

Au cours de ses voyages, Hérodote a constaté, chez certains peuples, la pratique de la monogamie, chez d'autres, celle de la polygamie ou de la communauté des femmes, ou encore de l'union libre. Nous retrouvons cette diversité dans l'étude des différentes civilisations antiques. Ici, nous examinerons en premier lieu les peuplades monogames mentionnées dans l'Enquête.

Que l'on se penche sur n'importe quel document, on est bien obligé de constater que la pratique de la monogamie n'était pas la plus répandue. Même dans la Bible, Yahvé, le dieu des Hébreux, conseille fréquemment aux héros qu'il préfère de recourir à la polygamie ou à l'adjonction d'une concubine, si leur épouse légitime est incapable de leur assurer une descendance. Nous avons parlé plus haut du mariage de Jacob ; on peut y ajouter que, le jour de leurs noces, Lia et Rachel apportèrent en dot à leur époux commun deux autres femmes. Même le grand législateur Hammourabi, le père du droit summérien, tolère la polygamie jusqu'à un certain point : chaque homme pouvait avoir une seconde épouse, lorsque la première était stérile. En revanche, une modification profonde a été apportée à la loi par lui : même dans ce cas, le mari n'a pas le droit de répudier sa première femme, il doit l'entretenir de la même façon que la deuxième. Il faut attendre Zarathoustra pour voir pratiquer la monogamie la plus stricte par ses disciples.

Les peuples monogames, cités par Hérodote, sont peu nombreux, et dans certains cas, l'on ne peut que rester dans l'incertitude. Il nous présente les Grecs comme pratiquant la monogamie. A Sparte, par exemple, le roi Anaxandride, aimant passionnément sa femme, qui malheureusement ne pouvait lui donner d'enfants, se trouvant invité à la répudier, proteste contre cette obligation qui lui est faite. Face à cette protestation, les Ephores et les Anciens, après avoir délibéré, lui proposent une autre solution : ils l'autorisent à conserver sa première épouse et à prendre une seconde femme, et ajoute Hérodote, « Anaxandride céda, et dès lors, il eut deux épouses et deux foyers, ce qui ne s'était jamais vu à Sparte ». (V. 39-40). Dans le livre II, au chapitre 92, Hérodote nous dit encore à propos des Egyptiens : « ils n'ont chacun qu'une femme, comme les Grecs. » Cependant, nous savons que la plupart des Grecs avaient des concubines. Celles-ci étaient soit des esclaves acquises par achat ou par rapt, soit des femmes libres. Nous trouvons, dans l'Iliade, l'histoire du jeune Phénix qui était tombé amoureux d'une concubine de son père ; sa mère essayait de favoriser cette liaison, pour conserver l'amour de son mari. (IL. IX. 449-456).

Sur d'autres peuples, Hérodote ne nous donne aucun détail précis quant au régime matrimonial en vigueur chez eux et nous ne pouvons que nous livrer à des suppositions, inspirées par la position sociale occupée par la femme dans ces sociétés. Par exemple, chez les Sauromates, descendants des Scythes et des Amazones, où les femmes sont des guerrières par tradition et conservent un rang égal à celui de l'homme, il nous est loisible de penser que la monogamie était pratiquée, mais nous pourrions tout aussi bien supposer que c'était la polyandrie qui était en vigueur. Chez les Lydiens, dont nous avons déjà parlé et dont nous reparlerons encore, aucune précision ne nous est apportée par l'Enquête, mais compte tenu de la condition des femmes chez eux, nous pouvons sans grand risque nous livrer aux mêmes suppositions que pour les Sauromates. Il en va de même pour les Issédones qui, nous l'avons vu, pratiquent l'égalité des sexes. Quant aux Massagètes, il semble que chacun d'eux aient une épouse officielle, mais en réalité « ils pratiquent la communauté des femmes, » dit Hérodote.

La polygamie est beaucoup plus répandue parmi les sociétés dont nous nous occupons. Déjà parmi les peuples monogames, nous venons de le voir, il extrêmement rare de trouver une monogamie stricte, et la plupart du temps les législateurs préfèrent autoriser une polygamie officielle. Les Perses, en plus de la polygamie, semblent user du concubinage : « ils ont chacun plusieurs épouses officielles et achètent des concubines en plus grand nombre encore. » (I. 135). Cambyse, par exemple, dont le cas est un peu spécial, (et dans ce passage, Hérodote n'est pas d'accord avec ce que nous savons aujourd'hui, car il affirme que l'usage n'existait pas, en Perse, d'épouser sa sœur, alors que pour les rois perses cela était une pratique fort courante), Cambyse donc épousa deux de ses sœurs, Atossa et Roxane. (III. 1). Dans un autre passage, Hérodote nous rapporte que ce même Cambyse avait envoyé des messagers au roi d'Egypte Amasis, pour lui demander sa fille, non dans l'intention d'en faire son épouse légitime, mais sa concubine. (III. 1). D'autre part, dans le livre III, au chapitre 68, l'Enquête nous apprend que les femmes perses, ainsi que les concubines, vivaient en harem, en logements séparés : cela dans le cas du mage Smerdis qui voulait isoler ses femmes, mais très souvent Hérodote nous parle des appartements des hommes et nous pouvons supposer que les femmes étaient visitées à tour de rôle, comme cela nous est signalé en (III. 68).

D'autres peuples encore nous sont présentés comme polygames : les Thraces, les Péoniens ont tous plusieurs femmes (V. 5 et 16) et les Thraces, dit Hérodote, s'ils laissent une grande liberté à leurs filles, « veillent étroitement sur leurs épouses ; ils achètent leurs femmes à leurs parents fort cher. » (V. 6). Enfin, un peuple de Lybie, les Nasamons, dont nous allons reparler, allie deux coutumes.

« Ils pratiquent la polygamie, mais les femmes sont communes à tous, comme chez les Massagètes. » (IV. 172).

La communauté des femmes, dans l'antiquité classique, a parfois été préconisée par certains philosophes. Ainsi Platon, dans la République et plus spécialement dans le livre V, dans lequel il parle des femmes et réclame pour elles la même éducation et le même entraînement que pour les hommes, demande, pour la classe des guerriers, la communauté des femmes et des enfants ; il n'y voit que de multiples avantages. (Rép. V. I. 457d). A travers les renseignements que nous recueillons dans l'Enquête d'Hérodote, nous pouvons constater que de nombreuses peuplades pratiquaient cette forme d'union. Nous avons déjà parlé des Massagètes et des Nasamons. Ajoutons pour la Lybie les Auses, les Agathyrses. Chez les Auses, peuple habitant l'actuelle Tunisie, au sud de Carthage, « les femmes sont communes à tous ; ils ne se marient pas, ils s'accouplent à la manière des bêtes. Lorsqu'une femme met au monde un enfant viable, les hommes se rassemblent deux mois après, et celui à qui l'enfant ressemble est reconnu pour son père. » Cette coutume pourrait se rapprocher d'un usage perse : « avant cinq ans, un garçon ne paraît jamais devant son père et vit auprès des femmes ; ceci pour éviter au père un chagrin, au cas où l'enfant mourrait en bas-âge. Je loue cette coutume… » ajoute Hérodote (I. 136-137).

Certains peuples du Caucase, dont les noms ne sont pas précisés, qui vivent, si l'on en croit l'auteur de l'Enquête, d'un façon assez sauvage, doivent aussi pratiquer la communauté des femmes, car « ces créatures […] s'accouplent publiquement, comme les bêtes ». (I. 203). Notons en passant que ce n'est pas le mot hommes qui est employé, mais celui de créatures. Dans le livre VIII, au chapitre 101, nous apprenons également que les Indiens aussi « s'accouplent en public, comme les bêtes… » Au contraire, chez les Massagètes, l'homme « qui désire une femme accroche son carquois à l'avant de son chariot et s'unit à elle en toute tranquillité ». Autre coutume, chez les Nasamons, qui tire sans doute son origine du même symbole. « Avant de s'unir à une femme, l'homme plante un bâton devant sa porte. » (IV. 172). Toujours chez les Nasamons, existe une autre coutume, qui devait sans doute être assez fatigante pour les femmes ; « quand un Nasamon se marie pour la première fois, la coutume veut que, pendant la première nuit, tous les convives puissent jouir de la femme qu'il épouse, avant le jeune marié. » (IV. 172).

Il nous reste à voir certaines coutumes un peu particulière qui sortent du cadre général dans lequel nous nous sommes tenus jusqu'à présent. En Lybie, chez les Adyrmachydes, les rois ont le droit de cuissage, « ils sont les seuls à présenter à leur roi les filles qui vont se marier ; celles qui lui plaisent, il en jouit le premier. » (IV. 168). Une autre coutume, sortant de l'ordinaire, est en vigueur chez les

Gyndanes, qui habitent au sud-est de Carthage, au sud-est de la Tripolitaine : « les femmes portant aux chevilles un grand nombre d'anneaux de cuir qui ont, dit-on, un sens particulier : chacun représente un homme auquel la femme s'est unie. Celle qui en a le plus est la plus estimable à leurs yeux, puisque, disent-ils, elle s'est fait aimer du plus grand nombre d'hommes. » (IV. 176). Rappelons que, dans le sud de l'Algérie, les Ouleds-Nails ont des coutumes assez semblables : les femmes sont très libres et les filles gagnent leur dot par la prostitution, comme chez les Lydiens, dans l'antiquité.

Nous avons parlé des Issédones, peuplade dans laquelle les femmes ont les mêmes droits que les hommes. Chez les Lyciens, c'est une sorte de morale matriarcale qui est en vigueur : « il est une coutume qui leur est propre et ne se trouve nulle part ailleurs : quand un Lycien demande à son voisin qui il est, l'autre indique le nom de sa mère et remonte à ses ancêtres du côté maternel. Si une femme libre s'unit à un esclave, ses enfants sont de naissance libre aux yeux de la loi ; mais qu'un citoyen, fût-il le premier de tous, prenne une femme étrangère ou concubine, ses enfants ne jouissent pas des droits de citoyen du pays. » (I. 173). Il semble donc que, dans cette peuplade, se soit conservées les grandes lignes de la société primitive, basée sur le règne de la femme et sur le matriarcat. Ce régime ne pouvait qu'étonner et même choquer les Grecs, car selon les lois d'Athènes, seuls étaient citoyens les enfants nés de père et de mère athéniens.

Nous citerons encore les Sauromates, peuple descendant des Scythes et des Amazones, « maintenant encore leurs femmes restent fidèles aux coutumes de leurs aïeules : elles vont à la chasse, à cheval, avec les hommes ou toutes seules ; elles vont à la guerre et elles s'habillent comme les hommes. […] Pour les mariages ils ont cette coutume : une fille ne se marie pas avant d'avoir tué un ennemi. Certaines vieillissent et meurent sans avoir été mariées, faute de pouvoir remplir cette condition. » (IV. 116-117). Rappelons aussi que certaines femmes savent être jalouses de leur époux, ainsi que nous le voyons dans le livre IX, au chapitre 108, où Hérodote nous raconte qu'Amestris, femme de Xerxès, sut se venger terriblement de son époux. Dans le livre I, au chapitre 146, Hérodote nous rapporte une coutume des Ioniens de Carie. Ceux-ci, partis du prytanée d'Athènes, « n'avaient pas de femmes avec eux et prirent des Cariennes dont ils avaient tué les parents. En raison de ce meurtre, les femmes s'obligèrent par serment, et leurs filles après elles, à ne jamais appeler leurs maris par leur nom, puisqu'ils avaient tué leurs pères, leurs maris et leurs enfants pour vivre ensuite avec elles… » Cette légende a, sans doute été inventée pour expliquer des rites dont l'origine était perdue dans l'oubli.

Reste à savoir, à présent, ce qu'il advient des femmes veuves. Certaines héritent de la fortune ou de la puissance de leur époux défunt ; c'est le cas notamment de Tomyris, devenue, à la mort de son mari, la reine des Massagètes (I. 205). Mais ce n'est pas le cas dans toutes les peuplades dont parle Hérodote. Il ne nous donne pas de très amples renseignements à ce sujet, mais nous pouvons citer quelques coutumes. A propos des Scythes, il nous raconte, dans le livre IV, au chapitre 78, un fait, sans toutefois le donner pour une généralité : un roi scythe, Ariapéithès, avait un fils nommé Scylès ; « plus tard Ariapéithès mourut assassiné par Spargapéithès, le roi des Agathyrses et Scylès hérita du trône et de la femme de son père, qui s'appelait Opoia. » Peut-être était-ce une tradition scythe en usage parmi les puissants ? Nous avons aussi le cas du Mage succédant à Cambyse qui prend toutes les femmes de ce dernier. D'ailleurs, Atossa, la fille de Cyrus, épousera successivement Cambyse, la Mage Smerdis et Darius.

Cependant, ailleurs, à propos des Scythes, Hérodote nous rapporte une autre coutume appliquée aux concubines à la mort d'un roi. « Après avoir déposé le corps dans la tombe, sur un lit de verdure, ils plantent des piques autour de lui, [...] dans l'espace demeuré libre, ils ensevelissent, après les avoir étranglés, une de ses concubine, son échanson, un cuisinier, un écuyer, un serviteur, un messager, des chevaux, [...] après quoi tous rivalisent d'ardeur pour combler la fosse et la recouvrir d'un tertre aussi haut que possible. » (IV. 71). Quant aux Thraces, c'est le sacrifice volontaire de la femme qui est en usage chez eux. Nous lisons, dans le livre V, au chapitre 5, « à la mort d'un homme, une violente contestation s'engage entre ses femmes, sous le contrôle attentif de ses amis, pour décider de son épouse préférée. La femme qui sort victorieuse de cette compétition reçoit tous les éloges des hommes et des femmes, puis son plus proche parent l'égorge sur la tombe de son mari, et on l'ensevelit à ses côtés. Les autres épouses du mort sont vivement affligées de survivre : c'est pour elles le plus grand des opprobres. » L'Enquête ne nous livre pas plus de détails sur le sort des veuves en général, mis à part certains cas particuliers dont nous avons déjà parlé ou dont nous parlerons plus loin. Ces coutumes n'ont rien d'extraordinaire, puisque, dans certaines sociétés primitives, de nos jours encore, elles sont toujours en vigueur.

Voici donc énumérées les différentes sortes de mariages, ou plutôt d'unions, sur lesquelles Hérodote nous livre des renseignements. Il est évident que certains détails, il ne les a appris que par ouï-dire, et que nous ne sommes pas obligés de tous les accepter d'emblée, mais un fait est certain, c'est que ces coutumes ne contredisent pas les diverses autres sources que nous possédons par ailleurs. Toutefois, il nous faut faire certaines restrictions : la vie quotidienne n'était absolument pas la même pour les gens du peuple et pour les hauts personnages. D'autre part, il devait exister une énorme différence au point de vue régime matrimonial entre les sociétés où la femme avait une condition sociale assez élevée et celles où elle était en état d'infériorité.

8 - LES OCCUPATIONS DE LA FEMME :
MÈRES ET ENFANTS

A vrai dire, Hérodote nous donne assez peu de renseignements sur le travail féminin, mais à travers les divers contes et anecdotes, nous pouvons entrevoir les différentes occupations des femmes, en nous fiant aux occupations et devoirs des personnages qu'il nous présente. Le principal travail de la femme est d'élever les enfants, et nous trouvons plusieurs exemples de ce rôle féminin. Malheureusement, ceux que nous pourrons citer ne sont que de très brefs extraits, car Hérodote ne s'étend absolument pas sur ce sujet. Tout de même, dans l'histoire d'Argeia, qui ne veut pas dire quel est l'aîné de ses jumeaux afin qu'ils soient rois tous les deux, nous voyons que les femmes lacédémoniennes soignaient leurs enfants, car nous lisons, dans le livre VI, au chapitre 52, qu'un Messénien, nommé Panitès, donna aux Lacédémoniens le conseil de « surveiller la mère pour voir quel enfant elle lavait et allaitait le premier ». On peut lire aussi, dans le livre III, au chapitre 3 : « une femme perse vint, dit-on, rendre visite aux femmes de Cyrus, et quand elle vit les enfants grands et beaux qui entouraient Cassandane, elle les admira et les loua fort. » Nous avons vu aussi la coutume perse qui voulait que les enfants ne soient pas présentés à leur père avant l'âge de cinq ans, et qu'Hérodote admirait fort.

Nous avons déjà parlé de la tendresse maternelle dont Cyno avait fait preuve envers Cyrus, et de sa pitié envers le pauvre bébé qui devait obligatoirement être exposé. Et pourtant, d'après ce que nous savons du monde antique, il devait être assez fréquent d'agir ainsi avec les enfants. De nombreuses légendes, rapportées par Hérodote, nous confirment dans cette opinion. Nous avons, dans le récit de l'enfance de Cyrus, un autre acte de cruauté qui n'est pas sans rappeler les festins de Tantale, d'Atrée ou de Thyeste : Astyage fait tuer le fils d'Harpage et le sert à son propre père, coupable de n'avoir pas exposé Cyrus lui-même (I. 119). Nous avons encore l'histoire de Pronnimé, orpheline de mère, en butte aux mauvais traitements et aux calomnies de la seconde femme de son père qui « l'accusa enfin de se mal conduire et persuada son mari de la chose. Convaincu par son épouse, Etéarque forma un projet odieux : un marchand de Théra, nommé Thémison, se trouvait alors à Caxos ; [...] il lui remit sa fille et le chargea de l'emmener avec lui et de la noyer en mer. » (IV. 154). Heureusement pour la fille, le marchand eut pitié d'elle et la sauva, puis il l'emmena à Théra.

D'autres crimes sont commis envers les enfants mais ils se rapprochent aussi de la légende. Ainsi, même Hérodote n'y ajoute pas foi lui-même. Mycérinos, un roi d'Egypte, avait fait construire pour sa fille une sépulture exceptionnelle : une vache en bois creuse et recouverte d'or. « On prétend, dit-il, que Mycérinos s'éprit de sa propre fille et lui fit violence ; après quoi, dit-on, dans son désespoir, la fille s'étrangla ; son père l'ensevelit dans cette vache et sa mère fit couper les mains des servantes qui avaient livré la jeune fille à son père. [...] Sottises que tout cela... » (II. 131). Cette anecdote pourrait presque trouver sa place parmi les légendes mythologiques, mais il n'en reste pas moins vrai que, si ces légendes ont eu cours, elles devaient reposer sur des faits qui s'en rapprochaient plus ou moins.

Quelles étaient les réactions des enfants envers leurs parents ? La fille de Polycrate, qui avait eu un songe de mauvais augure au moment où son père se préparait à partir chez Croitès, à Magnésie, cherchait par tous les moyens à le retenir. « Son père, alors, la menaça de ne pas la marier de longtemps s'il revenait sain et sauf ; en réponse, elle supplia les dieux de faire de cette menace une réalité, car elle préférait, disait-elle, demeurer fille encore longtemps, plutôt que d'être privée de son père. » (III. 124). Il s'agit ici d'une fille avec son père, et ceci déborde un peu notre sujet, mais examinons à présent la conduite des enfants envers leur mère. Nous

avons vu qu'à Babylone, lors de la révolte, toutes les femmes avaient
été mises à mort, sauf les mères qui avaient été épargnées (III. 150).

Dans le livre I, au chapitre 31, Hérodote nous parle de deux
jeunes gens : Cléobis et Biton. Il s'agit d'une anecdote racontée par
Solon à Crésus, qui lui a demandé quel était à ses yeux le plus
heureux des hommes. Après avoir répondu une fois et cité un
Athénien, nommé Tellos, Solon est interrogé une seconde fois et
sommé de dire quel est à ses yeux l'homme le plus heureux après
Tellos. Il nomme alors Cléobis et Biton et raconte que ces deux
jeunes gens étaient très forts et, qu'un jour où leur mère devait
absolument être portée au temple, sur un chariot, pour une cérémonie
en l'honneur d'Héra, les bœufs n'arrivèrent pas en temps voulu.
« Pressés par l'heure, les jeunes gens se mirent eux-mêmes sous le
joug et traînèrent le chariot sur lequel leur mère avait pris place ; ils
firent ainsi quarante-cinq stades, (environ huit kilomètres), pour
arriver au sanctuaire. » Il s'agit, sans doute, d'une légende née d'un
culte de la déesse-mère, dont la statue devait être rituellement traînée
sur un char, mais nous sommes bien obligés de reconnaître que cette
légende, par la suite, a servi à encourager l'amour et le respect filial
envers la mère.

La mère semble, d'ailleurs, avoir eu une influence assez
importante et même un certain pouvoir sur ses enfants. Une autre
histoire, que nous conte Hérodote, dans le livre IV, chapitre 43, est
celle de Staspès. Celui-ci « avait fait violence à une jeune fille, la

fille de Mégabyse, et pour ce crime, il allait être empalé sur l'ordre de Xerxès ; mais sa mère, qui était sœur se Darius, demanda sa grâce au roi, en promettant de lui imposer lui-même un châtiment plus sévère que le sien : elle l'obligerait à prendre la mer et à faire le tour de la Lybie, pour arriver en fin de périple dans le golfe Arabique. Xerxès y consentit… » Les mères semblent donc parfois avoir traité très sévèrement leurs enfants, quoique le choix entre le supplice du pal et un voyage d'exploration, dût-il être mortel, ne devait pas être difficile à faire. Signalons encore une coutume égyptienne, rapportée par Hérodote. « Les fils, dit-il, ne sont nullement obligés de nourrir leurs parents, s'ils ne le veulent pas, mais les filles le sont, qu'elles le veuillent ou non. » (II. 35). Cependant, si en Grèce, les garçons sont obligés par la loi d'entretenir leurs parents, on n'a jamais retrouvé trace d'une loi similaire en Egypte pour les filles.

Nous ne pourrons pas en dire beaucoup plus long sur ce sujet, car les détails qu'Hérodote nous donne sont peu nombreux. Il est évident que les femmes devaient avoir encore d'autres obligations, telles que les soins du ménage, les corvées d'eau, comme de nos jours dans certaines régions de Kabylie, la préparation de la nourriture, tout cela, bien entendu, dans les foyers populaires qui ne possédaient pas d'esclaves pour s'acquitter de ces besognes. Dans certaines peuplades, dont nous avons déjà parlé, elles allaient aussi à la guerre, mais nous terminerons sur une occupation assez originale des filles de l'île de Cyrauis (peut-être l'île de Kerkenna au large de

Sfax, ou bien l'île de Cerné dans le Rio de Oro) ; « cette île, nous dit-il, renferme un lac où les filles du pays viennent pêcher dans la vase des paillettes d'or, à l'aide de plumes trempées dans de la poix. »

9 - LA PROSTITUTION

La prostitution qui a si souvent été appelée, à tort, la plus ancienne profession féminine est, sans aucun doute, assez florissante dans l'antiquité pour de multiples raisons, mais on ne peut pas la qualifier de profession. L'Enquête d'Hérodote lui consacre une large place et nous donne de multiples renseignements qui recoupent ce que nous pouvons apprendre par d'autres sources, et de nos jours, par l'étude de la psychologie des sociétés primitives. Ses buts sont multiples et nous allons essayer d'en dégager les principaux.

Les deux sortes de prostitution, pour établir le classement le plus général qui puisse exister, sont la prostitution religieuse et la prostitution lucrative. La première peut encore se subdiviser en plusieurs catégories. Dans certains cas, les prostituées sont destinées à rester toute leur vie au service de la divinité et à la servir de cette façon ; cette forme revêt un certain aspect lucratif, mais non-individuel, car le profit matériel des actes accomplis par ces servantes d'Aphrodite (ou d'une autre divinité) va au trésor du temple dans lequel elles servent. Dans d'autres cas, il s'agit d'un acte unique dont les motifs peuvent être expliqués par le désir d'une consécration ou encore par les restes de certains tabous primitifs dont nous reparlerons dans des cas plus particuliers.

La deuxième forme de prostitution, à des fins lucratives, est plus terre à terre, mais il en existe aussi plusieurs sortes. Ou bien la femme a choisi ce métier pour gagner le plus d'argent possible, ou bien elle a été vendue comme esclave, et dans ce cas, elle est exploitée par une tierce personne, ou bien il s'agit d'une période passagère qui est autorisée par la loi, la religion et la morale. Nous trouvons, dans les nombreuses coutumes rapportées par Hérodote, un mélange de ces différentes sortes de prostitution. Notons encore que, dans l'antiquité, la prostituée n'était pas traitée avec le mépris qu'affectent, de nos jours, certaines classes de notre société contemporaine à son égard. Dans la Bible même, nous trouvons plusieurs actes de prostitution qui ne sont pas du tout réprouvés par Yahvé.

Nous examinerons en premier lieu la prostitution sacrée. Il existait, à Babylone une coutume qu'Hérodote réprouve violemment « la plus honteuse des lois de Babylone est celle qui oblige toutes les femmes du pays à se rendre une fois dans leur vie au temple d'Aphrodite pour s'y livrer à un inconnu. […] Les femmes sont assises dans l'enceinte sacrée d'Aphrodite, la tête ceinte d'une corde, toujours nombreuses, car si les unes se retirent, il en vient d'autres. » Ainsi, les femmes n'ont pas le droit de retourner chez elles avant qu'un homme ne les aient choisies, en leur jetant quelque argent sur les genoux, en prononçant ces mots : « J'invoque la déesse Mylitta. » Cette divinité est appelée aussi Isthar ou Astarté, déesse de l'amour et de la guerre, une des plus grandes divinités de Babylone. « Quelle que soit la somme offerte, continue Hérodote, la femme ne refuse jamais : elle n'en a pas le droit et cet argent est sacré. Elle suit le premier qui lui jette de l'argent et ne peut repousser personne. » Les plus belles sont donc vite libérées et peuvent retourner chez elles, mais il en est qui restent dans le temple pendant trois ou quatre ans, sans pouvoir satisfaire à cette obligation.

Hérodote nous signale une coutume analogue en quelques endroits de l'île de Chypre. Nous savons que les temples d'Aphrodite, à Paphos et à Amathonte, abritaient des courtisanes sacrées, sans pouvoir toutefois affirmer que la même loi était en vigueur. Quel sens faut-il donner à cette coutume ? Peut-être s'agit-il d'un acte de consécration de la virginité à la divinité ; peut-être aussi faut-il y voir un acte de défloration rituelle, pratiqué dans la plupart des sociétés primitives, où la virginité était considérée avec mépris, car c'était une preuve d'impopularité ; sur la côte de Malabar, les jeunes filles ne pouvaient trouver de mari tant qu'elles restaient vierges : verser le sang d'un membre de la tribu étant interdit par un tabou. (Will Durant. Hist. de la civilisation I. chap. 4. p. 85).

Il est certain que nombreux étaient les temples qui possédaient des courtisanes sacrées. Le temple de Mylitta, lui-même, dont nous venons de parler, avait un clergé féminin : hiérodules, courtisanes sacrées et prostituées. Le profit matériel des actes de ces prostituées allait grossir le trésor du temple. Sans aucun doute, aux alentours des temples, se trouvaient d'autres femmes, des indépendantes en quelque sorte, qui se tenaient là parce que l'endroit était propice à leur commerce. Ces courtisanes, non sacrées, travaillant pour leur propre compte, se trouvaient parfois dans l'obligation de contribuer à l'édification de quelque monument, de même que leurs collègues des temples amassaient de l'argent pour le trésor religieux. Nous ne trouvons, dans l'Enquête, aucun renseignement sur la prostitution sacrée en Egypte, mais Hérodote nous dit dans le livre II, chapitre 64, qu'il était interdit de s'unir à une femme dans un temple.

Dans l'histoire de la Lydie (I. 93), Hérodote nous parle d'un très beau monument, « le plus beau monument connu, dit-il, après ceux des Egyptiens et des Babyloniens ». Et ce monument, tombeau d'Alyatte, le père de Crésus, aurait été édifié « aux frais des marchands, des artisans et des filles qui exercent le métier de courtisanes. Au sommet, on voyait encore de mon temps, cinq bornes, portant gravée l'indication de la part prise à l'ouvrage par chaque groupe ; et mesurée, la part des courtisanes se montrait la plus importante. » Il faut donc croire que ce genre de commerce était d'un bon rapport, dans l'antiquité, et que les gouvernements savaient imposer toutes les professions, quelles qu'elles soient.

Dans le même chapitre, Hérodote nous rapporte une autre coutume lydienne, peut-être pour essayer d'atténuer l'effet que pourrait produire sa précédente déclaration, citée ci-dessus. « Il est vrai, dit-il, qu'en Lydie, toutes les filles se prostituent pour gagner leur dot, et ce jusqu'au jour où elles trouvent un mari. »

N'oublions pas, avant de porter un jugement, qu'il existe, de nos jours encore, de nombreuses filles de joie qui exercent ce métier pendant un certain temps, jusqu'au jour où elles ont amassé assez d'argent pour acheter un fonds de commerce, de préférence un hôtel ou un café, et se marier légalement. Dans le chapitre suivant (I. 94), Hérodote ajoute que « les mœurs des Lydiens sont, en général, semblables à celles des Grecs, sauf qu'ils prostituent leurs enfants du sexe féminin ». Ceci semble impliquer que cette coutume n'a jamais existé en Grèce. Il faut reconnaître que la jeune fille lydienne y trouvait une certaine émancipation, puisque cela lui permettait de choisir elle-même son mari, ce qui était assez rare à l'époque.

Il existait aussi, comme de tout temps, des gens pauvres qui exerçaient ce métier pour gagner leur vie. Ainsi, à Babylone, depuis la prise de « la ville qui a fait leur malheur et leur ruine, les gens du peuple, qui sont dans l'indigence, prostituent leurs filles ». Cela n'est évidemment pas une coutume très spéciale, mais il arrivait que certaines courtisanes acquissent une célébrité impérissable, telle

Aspasie, la maîtresse de Périclès. Hérodote nous en cite une, il s'agit de Rhodopis, que nous retrouvons aussi chez Strabon ; les deux histoires diffèrent sensiblement et nous nous en tiendrons à la version rapportée par Hérodote.

Cette courtisane, à laquelle les Grecs attribuent la construction d'une pyramide en Egypte, ce qui est nié par Hérodote car, dit-il, « elle florissait sous le règne d'Amasis et non de Mycérinos, et elle a vécu un très grand nombre d'années après les rois qui ont laissé ces pyramides, » était d'origine thrace (II. 134). Elle vint en Egypte pour y exercer le métier de courtisane, devint libre, mais préféra rester en ce pays, où elle amassa une fortune considérable, « énorme, certes, et suffisante pour une Rhodopis, mais, » ajoute Hérodote, pour prouver ce qu'il vient de dire plus haut, « insuffisante pour faire édifier semblable pyramide ». Cependant, il nous indique que cette Rhodopis laissa de nombreux souvenirs en Grèce et qu'« elle fit fabriquer, avec la dixième partie de sa fortune, un bon nombre de broches de fer, de taille à transpercer un bœuf entier, autant qu'en put payer la dîme prélevée sur ses biens, et elle les envoya à Delphes. Elles y sont encore aujourd'hui. » Immédiatement après cette anecdote, Hérodote nous donne son avis sur les courtisanes de Naucratis qui sont, dit-il, « d'ailleurs, en général, fort charmantes ». Ce jugement se trouve corroboré par Sapho qui reproche à son frère Charaxos, venu livrer des vins de Lesbos à Naucratis, de s'être ruiné pour la belle Dorichè. Hérodote nous cite aussi le nom d'une autre courtisane, Archidicè qui « fut chantée dans toute la Grèce, quoiqu'elle eût moins fait parler d'elle ». Ceci nous permet de constater que la fortune, et même la gloire, pouvait s'acquérir par la prostitution.

Hérodote n'a d'ailleurs pas du tout l'air indigné en rapportant ces faits, alors qu'il trouvait la coutume du temple de Mylitta, à Babylone, honteuse. Dans le conte des voleurs de Rhampsinite, il nous rapporte une curieuse décision de ce roi, tout en ajoutant qu'il se refuse à croire à cette histoire. Ce Rhampsinite, en qui nous pouvons voir soit Ramsès II, soit Ramsès III, avait été volé par deux frères. Il en avait pris un au piège, mais son frère l'avait décapité pour qu'il ne fût pas reconnu. Il avait ensuite fait exposer son cadavre, mais le frère vivant l'avait dérobé. Irrité, le roi « prit, dit-on, le parti suivant : il envoya sa propre fille dans un lieu de débauche, avec ordre d'accueillir indifféremment tous ceux qui se présenteraient et de leur réclamer, avant de se livrer à eux, le récit de l'action la plus ingénieuse et la plus criminelle qu'ils eussent faite de leur vie. […] La fille fit ce que voulait son père. » (II. 121). Mais le voleur eut vent du piège tendu, fut encore plus rusé, et après avoir raconté son histoire, put s'échapper en laissant, entre les mains de la fille, le bras d'un mort, dont il avait eu soin de se munir, avant de venir la voir. Devant ce nouvel exploit, le roi lui accorda non seulement l'impunité, mais de nombreuses récompenses et même la main de sa fille, à cause de son habileté. Hérodote, on l'a dit, ne croit pas à cette légende, mais la prostitution n'étant pas considérée comme un métier honteux, il n'y aurait rien d'étonnant à ce qu'elle fut véridique.

Que conclure de cela ? La prostitution a toujours existé, du moins celle à but lucratif. Elle n'était ni plus ni moins prospère dans l'antiquité que de nos jours. Ce qu'il nous faut remarquer, c'est que la prostituée n'était pas considérée avec mépris, comme aujourd'hui, dans les sociétés modernes. De plus, il faut ajouter les divers cas de prostitution sacrée qui, elle, a complètement disparu, du moins dans les civilisations occidentales, et qui était considérée comme très honorable.

10 - LES FEMMES DANS LA VIE RELIGIEUSE

Nous avons déjà vu la place importante que tenaient, dans l'œuvre d'Hérodote, les déesses et l'oracle de la Pythie. Nous avons parlé des courtisanes sacrées et de l'honneur qui rejaillissait sur la femme qui exerçait ce métier. Certaines coutumes, telles que l'acte de prostitution, unique mais obligatoire, du temple de Mylitta, à Babylone, nous ont donné un aperçu sur le caractère de la vie féminine dans certaines sociétés. Il nous faut étudier à présent le rôle que jouait la femme dans la religion, rôle plus ou moins important suivant les peuples et suivant la divinité honorée.

Les différentes religions de l'antiquité, citées par Hérodote, comprenaient un nombre assez important de déesses. Dominant le reste de tous les dieux et les déesses en général, nous trouvons une déesse Mère, nommée de diverses façons. Hérodote, la plupart du temps, donne le nom grec, en ajoutant assez souvent le nom dans la langue du peuple qu'il cite. Ainsi, il nous parle très fréquemment du culte de la Grande-Mère, désignant sous ce nom, tantôt Cybèle, déesse phrygienne. La Terre-Mère, adorée sur les montagnes et personnifiant la nature dans sa force de végétation, ou bien la mère des dieux et des hommes, pour les Scythes, adorée aussi sous le nom de Cybébé à Sardes ; dans d'autres passages, il désigne Déméter, comme par exemple à Eleusis, où l'on honore la mère et la fille : Déméter et Perséphone.

Il est un fait certain, c'est que les femmes devaient jouer un rôle important dans la célébration de quelques cérémonies religieuses, dans les civilisations contemporaines d'Hérodote. Il faut, de toute évidence, reconnaître que nombreuses étaient les prêtresses dans les temples et dans toutes les cérémonies. Pour un Grec, il était certainement assez surprenant de voir des femmes se mêler à la vie des hommes, et c'est sans doute pour cette raison qu'Hérodote nous rapporte que chez les Egyptiens, lors des fêtes de Bubastis, la déesse Ouadjet, mère ou nourrice de l'enfant Horus qu'elle allaita en cachette, dans les marécages de Chemnis, « ils s'y rendent par le fleuve, hommes et femmes entassés pêle-mêle et nombreux dans chaque barque. Quelques-unes des femmes ont des crotales, qu'elles font résonner, quelques hommes jouent de la flûte pendant tout le trajet ; les autres, femmes et hommes, chantent et battent des mains. Arrivés à la hauteur d'une ville, ils poussent la barque au rivage : alors, certaines des femmes continuent à faire ce que j'ai dit, d'autres crient des railleries à l'adresse des femmes de la ville, d'autres dansent, d'autres, debout, retroussent leurs robes. […] Pour la fête d'Isis, à Busiris, j'ai déjà dit comment on la célèbre. Après le sacrifice, ai-je dit, tous se meurtrissent de coups, hommes et femmes, qui se trouvent là, par dizaines de mille. » (II. 60-61). Voilà donc un exemple d'égalité entre hommes et femmes, et même, pourrait-on dire, où les femmes ont la prédominance.

Nous avons un autre exemple où les femmes jouent un rôle religieux, c'est dans le livre II, chapitre 85, où il est question des enterrements, ou plutôt des décès, toujours chez les Egyptiens. « Dans la famille qui perd un homme de quelque considération, toutes les femmes de la maison se couvrent de boue la tête ou même le visage ; puis elles laissent le cadavre dans la maison et courent par la ville, en se frappant la poitrine, le sein nu, la robe retroussée, retenue par une ceinture ; toutes leurs parentes se joignent à elles. » (II. 84). Il est vrai, cependant, que les hommes ne sont pas étrangers à la cérémonie, car, ajoute Hérodote, « les hommes se frappent et se lamentent de leur côté, dans une tenue semblable. Cela fait, on emporte le corps pour l'embaumer. » Il n'en est pas moins apparent, cependant, que le fait est tout de même assez important pour qu'Hérodote le cite, et que, pour qu'il mentionne les femmes, il faut qu'elles jouent dans ces cérémonies un rôle relativement important.

Dans un autre passage, il est question des enterrements des rois de Sparte, c'est dans le livre VI, chapitre 58. Voici ce que nous en dit

Hérodote : « des cavaliers vont par toute la Laconie annoncer le malheur, tandis qu'à Sparte des femmes circulent par la ville, en frappant sur des chaudrons. » Puis le rituel se poursuit par l'obligation pour chaque famille de faire prendre le deuil à un homme et à une femme et enfin, dans un immense rassemblement de plusieurs milliers de personnes, « hommes et femmes mêlés se meurtrissent le front avec emportement et poussent de longues lamentations… » Les femmes ne sont donc pas les seules actrices des cérémonies que nous venons de citer, mais elles y participent, alors qu'elles ne participaient en rien à Sparte, ni à Athènes d'ailleurs, à la vie publique ou politique.

Il existait toutefois des cérémonies et des rites qui étaient réservés aux personnes du sexe féminin. Dans le livre IV, au chapitre 33, Hérodote nous signale une coutume des Hyperboréens, peuple de l'extrême nord pour les Grecs, qui avaient fait apporter des offrandes, empaquetées de paille de blé, par deux jeunes filles, Hypéroché et Laodicé, escortées par cinq citoyens. Dans le même chapitre, nous trouvons une coutume des femmes thraces, qui, elles, envoient des offrandes de la même sorte à Artémis Reine. Quelques lignes plus loin, Hérodote écrit : « on dit encore, à Délos, que deux vierges hyperboréennes, Opis et Argé, vinrent dans l'île avant Hypéroché et Laodicé, [...] pour apporter à Ilithyie, divinité présidant aux accouchements, un tribut qui devait permettre la prompte délivrance de Léto. » Les femmes déliennes, ajoute Hérodote, les célèbrent encore et « quêtent pour elles ».

Ici donc nous avons affaire à des cérémonies typiquement féminines. A propos des Egynètes, nous trouvons une autre cérémonie de femmes. Des statues ont été volées par eux aux Epidauriens, et une fois installées à Oié, « pour se les concilier, ils instituèrent en leur honneur des sacrifices et des chœurs de femmes, chargées de prononcer des railleries et des invectives. […] Les railleries et les invectives des chœurs ne s'adressaient jamais à des hommes, mais seulement aux femmes du pays. » (V. 83). Nous retrouvons ces échanges de propos obscènes et d'injures dans le culte de certaines divinités présidant à la fécondité, et très souvent, célébré par des femmes, par exemple dans les mystères d'Eleusis ou lors de la célébration des Thesmophories.

Nous avons déjà parlé des oracles. Il faut noter à ce sujet que, bien souvent, ils sont rendus par des femmes prophétesses. Les prêtresses sont nombreuses dans l'Enquête, et il serait fastidieux de relever tous les passages où nous en trouvons. Contentons-nous de rappeler l'histoire des deux colombes noires que nous avons déjà mentionnée plus haut, ainsi que tous les oracles de la Pythie. Dans la description de Babylone, livre I, chapitre 181, on trouve une autre coutume religieuse dans laquelle les femmes jouaient un rôle : une grande chapelle, construite au sommet d'une grande tour, qui ne contient aucune statue « et nul mortel n'y passe la nuit, sauf une seule personne, une femme du pays, celle que le dieu a choisie entre toutes, disent les Chaldéens qui sont les prêtres de cette divinité. » Dans le chapitre 182 du même livre, Hérodote signale des coutumes à peu près semblables à Thèbes, en Egypte, dans le temple de Zeus Thébain, et la même chose en Lycie, à Patares, où ces épouses du dieu, dit-il, « n'ont de rapports avec aucun homme ». Ces rites pourraient rejoindre ceux dont nous avons déjà parlé à propos des courtisanes sacrées.

Cependant, dans les coutumes égyptiennes, Hérodote nous dit, dans le livre II, chapitre 35, qu'en Egypte, une femme ne peut être prêtresse d'aucune divinité, ni masculine, ni féminine ; les prêtres sont des hommes, pour les déesses comme pour les dieux. Et pourtant, nous savons qu'il y eut de véritables prêtresses en Egypte, sans parler des chanteuses et des musiciennes, et aussi des divines adoratrices dans le temple de Thèbes, dont nous venons de parler dans le paragraphe précédent, mentionnées par Hérodote lui-même. Il se peut néanmoins que le nombre de prêtresses par rapport à celui des prêtres ait été, en Egypte, beaucoup moins important que dans d'autres pays. Cependant, même si les prêtresses en titre étaient moins nombreuses, les femmes n'en jouaient pas moins un rôle important dans toutes les cérémonies religieuses.

Et ce rôle pouvait parfois aller jusqu'à modifier les événements, lorsqu'il s'agissait de prophétie, que les prêtresses soient honnêtes ou qu'elles ne le soient pas. Et, à ce sujet, Hérodote nous montre que la corruption des prophétesses existait quelquefois. Lorsqu'à Sparte, Leutychidès affirmait que le roi Démarate n'était pas le fils d'Ariston, et de ce fait, n'avait aucun droit à la royauté, les Spartiates « décidèrent enfin d'aller demander à l'oracle de Delphes si Démarate était bien le fils d'Ariston. Mais la démarche avait lieu à l'instigation de Cléomène, qui s'entendit avec un homme des plus influents à Delphes, Cobon ; ce Cobon gagna la prophétesse Périalla et lui fit dire tout ce que voulait Cléomène ; en conséquence, la Pythie, interrogée par les envoyés de Sparte, répondit que Démarate n'était pas le fils d'Ariston. Cependant, la fraude fut reconnue par la suite, Cobon fut exilé de Delphes et la prophétesse Périalla destituée. » (VI. 66). Voici un exemple qui montre que certains Grecs n'étaient pas aussi naïfs que l'on veut bien le croire. Il est vrai que, dans le chapitre 75, Hérodote nous dit que Cléomène fut atteint de folie, en punition de son acte sacrilège de corruption. Déjà, dans le livre V, chapitre 63, nous avions un exemple de corruption de la Pythie par les Athéniens qui voulaient que Sparte les délivrât des Pisistratides.

Il est un sujet sur lequel Hérodote n'est pas bavard, c'est sur les mystères féminins. La seule fois où il les décrit, ce ne sont pas des mystères réservés uniquement aux femmes. Il s'agit de processions phalliques en l'honneur de Dionysos, en Egypte et en Grèce (II. 48-49). Dans tous les autres cas, il reste absolument muet sur le déroulement des cérémonies. Il les cite, au cours de ses descriptions, par exemple, il nous parle des mystères des Cabires à Samothrace (II. 51), des mystères bachiques, des mystères orphiques, de ceux de Déméter, mais ne nous donne aucun détail sur leur déroulement.

Bien au contraire, à propos des mystères d'Osiris, dont il ne cite pas le nom, mais parle de « celui dont la piété ne me permet pas de prononcer ici le nom, » il nous dit : « j'en sais davantage sur le détail de ces spectacles, mais taisons-nous pieusement sur ce point. » Et il ajoute : « sur les fêtes de Déméter, que les Grecs appellent Thesmophories, taisons-nous de même, sauf sur ce que la religion permet de révéler : ce sont les filles de Danaos qui ont apporté d'Egypte ces rites et les ont enseignés aux femmes des Pélasges. » (II. 171).

Nous pouvons dire, en conclusion, que la femme, dans la religion et dans les cérémonies religieuses, joue un rôle aussi important que l'homme, si ce n'est parfois plus important. Est-ce un reste de la domination féminine primitive ? Il semblerait plutôt que, vu le nombre important des déesses, le clergé était de préférence choisi dans les rangs du sexe féminin, pour les dieux comme pour les déesses. D'autre part, les consultants d'un oracle préféraient, sans doute, avoir affaire à des femmes plutôt qu'à des hommes, car cela devait ajouter un peu plus de mystère, si la femme était considérée comme un être doué de charmes.

CONCLUSION

Il serait malaisé de conclure en portant un jugement trop général sur la femme dans l'antiquité, à partir de ce que nous venons de voir dans l'Enquête. En effet, on ne peut pas dire qu'Hérodote fasse un gros effort pour approfondir la psychologie féminine, et si toutes les anecdotes qu'il nous raconte mettent en scène des personnages féminins, il est cependant rare qu'ils soient étudiés en profondeur. Toutefois, sans entrer dans de vastes études psychologiques et sociologiques, Hérodote nous montre des femmes tantôt rusées, tantôt soumises, tantôt ambitieuses et cruelles, tantôt maternelles et douces. En cela, il n'innove pas et l'on peut dire que ces types se trouvent déjà chez les auteurs épiques qui l'ont précédé.

En revanche, il est à noter que, plus précis que ces derniers, il cherche souvent une explication rationnelle, et pour ce faire, il est amené implicitement à découvrir certains traits du caractère féminin. Tout en restant sujet à caution, il explique certaines légendes dont les personnages sont essentiellement des femmes, en s'appuyant sur des théories qui ont servi de point d'appui à de nombreux romanciers, auteurs de nouvelles ou auteurs dramatiques, éliminant toute espèce de merveilleux, pour se jeter dans une explication beaucoup plus terre à terre. En ceci, nous pouvons dire qu'il assure une transition entre ses prédécesseurs et les écrivains plus proches de nous.

Et ainsi, tantôt rejoignant la tradition, tantôt s'en éloignant, il nous donne une vision de la femme qui pourrait, par certains côtés, s'appliquer, parfois au Moyen Age, parfois au XXe siècle, mais qui pourrait aussi parfois rejoindre les légendes héroïques. Et l'on peut dire que cette variété dans son œuvre est un de ses principaux charmes. Tous les portraits de femmes sont esquissés, comme nous venons de le dire, et il faut reconnaître à son actif que, mis à part certains spécialistes, les écrivains mettant en scène des femmes n'ont pas toujours cherché à approfondir la mentalité féminine.

BIBLIOGRAPHIE

Hérodote. Les Belles Lettres. (1964. Ph-E. Legrand)

Hérodote. La Pléiade. (1964 A. Barguet)

Homère. L'Iliade. (Les Belles Lettres)

Homère. L'Odyssée. (Les Belles Lettres)

Platon. La République. (Les Belles Lettres)

La Bible. (La Pléiade)

Romans grecs et latins. (La Pléiade)

La vie quotidienne au temps d'Homère. (E. Mireaux)

La vie quotidienne en Grèce au siècle de Périclès. (R. Flacelière)

Dictionnaire de la mythologie. (P.U.F. Grimal)

L'amour en Grèce. (R. Flacelière.)

Histoire universelle. (Carl Grimberg)

Histoire de la civilisation. (Will Durant)

Histoire de la Grèce. (F. Chamoux)

La littérature grecque. (Que sais-je. F. Robert)

Les Etrusques. (Que sais-je. R. Bloch)

Les civilisations de la Méditerranée. (Que sais-je)

L'histoire en Grèce. (H. Van Effenterre)

Le deuxième sexe. (S. de Beauvoir)

Les dieux antiques. (La Pléiade. Mallarmé)

Aphrodite. (P. Louÿs)

###

A PROPOS DE L'AUTEUR

Originaire de la Drôme, bien que né à Saumur le 3 Août 1936, Jean-Claude Sestier a toujours été attiré par les humanités. Mais l'amour d'Homère et d'Ovide ne l'a pas conduit directement à l'enseignement des Belles Lettres puisqu'il commença à travailler aux compteurs Garnier à Lyon, puis à la SNCF à Paris.

En 1956, à la demande du gouvernement de l'époque, il partit en villégiature dans un coin du Djurdjura en Kabylie et il y resta 30 mois. Cette période très dure de sa vie le marqua à jamais.

Revenu à la vie civile, et à la suite d'une formation personnelle, il revint à ses premières amours et se tourna vers l'enseignement. D'abord instituteur, il devint professeur de Lettres Classiques. Après un passage en Normandie, il fut nommé au Lycée climatique et sportif de Villard de Lans. Ce fut pour lui la découverte du Vercors, les randonnées en montagne et ski de fond, de nombreuses traversées de ce massif avec ses élèves dans le cadre d'un club « Connaissance du Vercors. »

Son métier d'enseignant l'amena à organiser de nombreux voyages scolaires en Italie, dans le golfe de Naples, à Pompéi.

Si vous interrogez d'anciens élèves auxquels déjà un emploi du temps atypique permettait de suivre ses cours de latin et grec, ils vous diront : « Ah, les cours... plutôt les récits de Sestier sur la mythologie grecque !

Auteur : Jean-Claude Sestier - Édité par Yvan C. Goudard

Une Publication de Rhetorical Ratatouille

© 2012 Rhetorical Ratatouille / Jean-Claude Sestier et sa famille
Tous droits réservés

Découvrez Rhetorical Ratatouille sur
http://www.rhetorical-ratatouille.com

www.ingramcontent.com/pod-product-compliance
Lightning Source LLC
Chambersburg PA
CBHW030353290526
45785CB00004B/1735